三晋创先争优群英谱

SANJINCHUANGXIAN ZHENGYOUQUNYINGPU

中共山西省委创先争优活动领导小组办公室 编

山西出版传媒集团
山西人民出版社

图书在版编目（CIP）数据

三晋创先争优群英谱／中共山西省委创先争优活动领导小组办公室编．—太原：山西人民出版社，2012.9
ISBN 978-7-203-07909-5

Ⅰ.①三… Ⅱ.①中… Ⅲ.①中国共产党-模范共产党员-先进事迹-山西省 Ⅳ.①D263

中国版本图书馆CIP数据核字（2012）第227353号

三晋创先争优群英谱

| 编　　者：中共山西省委创先争优活动领导小组办公室
| 责任编辑：高　雷
| 装帧设计：谢　成

| 出版者：山西出版传媒集团·山西人民出版社
| 地　　址：太原市建设南路21号
| 邮　　编：030012
| 发行营销：0351-4922220　4955996　4956039
| 0351-4922127（传真）　4956038（邮购）
| E-mail：sxskcb@163.com　发行部
| sxskcb@126.com　总编室
| 网　　址：www.sxskcb.com

| 经销者：山西出版传媒集团·山西人民出版社
| 承印者：山西出版传媒集团·山西新华印业有限公司

| 开　　本：787mm×1092mm　　1/16
| 印　　张：21
| 字　　数：250千字
| 印　　数：1-40 000册
| 版　　次：2012年9月第1版
| 印　　次：2012年9月第1次印刷
| 书　　号：ISBN 978-7-203-07909-5
| 定　　价：38.00元

如有印装质量问题请与本社联系调换

前　言

　　2010年6月创先争优活动全面启动以来，全省各级党组织和广大共产党员深入贯彻落实科学发展观，紧紧围绕"推动科学发展、促进社会和谐、服务人民群众、加强基层组织"的总体要求，扎实开展了"创先争优我承诺，转型跨越促发展""三晋先锋在行动"等一系列主题实践活动，积极创科学发展之先、争强省惠民之优，具体而生动地彰显了党的先进性和纯洁性，涌现出一大批先进集体和优秀个人，发挥了战斗堡垒作用和先锋模范作用，为保持全省经济平稳较快发展和社会和谐稳定作出了突出贡献。

　　为表彰先进、弘扬正气，激励各级党组织和广大党员履职尽责创先进、立足岗位争优秀，进一步形成崇尚先进、学习先进、争当先进的浓厚氛围，中共中央组织部表彰了100名"全国创先争优优秀共产党员"，其中山西省太原市邮政局乡邮员王收秋和国家电网山西临汾供电公司离休干部解黎明两位同志获此荣誉。中共山西

省委组织部隆重表彰了100名"全省创先争优优秀共产党员",同时,追授山阴县下喇叭乡口子梁村原党支部书记彭云同志为"全省创先争优优秀共产党员"。这些受表彰的先进个人是创先争优的优秀代表,是经各推荐单位采取自下而上、上下结合方式推荐产生的,具有广泛的群众基础。他们的先进事迹和崇高精神,充分展示了创先争优活动的丰硕成果,展示了新时期共产党人的良好形象和精神风貌。

希望全省各级党组织和广大共产党员向这些受表彰的优秀个人学习,以更加坚强的党性、更加昂扬的斗志和更加务实的作风,为实现办好"两件大事"、再造一个新山西的宏伟目标,再创佳绩,再立新功。

编 者
2012年9月

三晋创先争优群英谱

中共中央组织部表彰的全国创先争优优秀共产党员（2名）

王收秋　　　太原市邮政局乡邮员
解黎明(女)　国家电网山西临汾供电公司离休干部

中共山西省委组织部表彰的全省创先争优优秀共产党员（100名）
太原市（8名）

马吾东　　　太原市小店区城区综合改造建设领导组办公室主任
李建芳(女)　太原市迎泽区老军营街道桃园南路第二社区
　　　　　　党支部书记、主任
林宝寿　　　太原市杏花岭区中涧河乡中涧河社区党支部书记、
　　　　　　居委会主任
彭跃文　　　太原市尖草坪区环境卫生队工人
姚三俊　　　美锦集团董事，太原市清徐县马峪乡仁义村党支部
　　　　　　书记、村委会主任
金润全　　　太原市阳曲县东黄水镇党委书记
高旺则　　　太原市娄烦县静游镇东六度村党支部书记

张润明　　太原东山煤矿有限责任公司综采队工人

大同市（9名）

丁　玎(女)　大同市矿区和顺街街道办事处泰荣里社区党支部书记
关月梅(女)　大同市新荣区西村乡甘庄村党支部书记、村委会主任
张　俊　　大同市左云县财政局局长
张益民　　大同市阳高县水务局党总支书记、局长
毛　丽(女)　大同市浑源县公安局交通警察大队岗勤中队
　　　　　东门岗区民警
滕　雁　　大同市开发区党工委组织部副部长、团区委书记
王　录　　大同市第十二中学校校长
王继芳(女)　大同市园林管理局御河生态林管理处党支部书记、处长
乔　海　　同煤国电同忻煤矿有限公司综采队队长

阳泉市（5名）

裴海平　　阳泉市平定县东回镇前黄安村党支部书记、
　　　　　村委会主任
王秀琳(女)　阳泉市城区南山路街道北岭社区党支部书记、
　　　　　居委会主任
姚向红(女)　山西省公路局阳泉分局勘测设计所党支部书记
李彦明　　阳泉市元承建业工程有限公司党委副书记、经理
李银志　　阳泉市经济技术开发区下五渡村党支部书记

长治市（9名）

石丽青(女)　长治市城区市容环境卫生管理处太行清扫公司副经理

郭学斌	长治市屯留县委组织部副部长、县人力资源和社会保障局党组书记、局长
马连金	长治市长子县碾张乡赵村党支部书记、村委会主任
赵月芳	长治市壶关县邮政局鹅屋乡乡邮投递员
杨　晓	长治市平顺县林业局党组书记、局长
王培苗(女)	长治市黎城县停河铺乡西黄须村党支部书记、村委会主任
张联兵	首钢长治钢铁有限公司炼铁厂总工程师
韩晋国	长治市糖酒副食有限公司党总支书记、董事长
赵　刚	长治市国家税务局机关党委办公室副主任

晋城市（6名）

张晓林	晋城市泽州县下村镇上村村党支部书记、村委会主任
田国富	晋城市泽州县高都镇泊南村党总支书记
梁东亮	晋城市阳城县凤城镇岳庄村党总支书记
赵会牛	晋城市阳城县东冶镇蔡节村党总支书记、村委会主任
张雪峰	晋城市陵川县地方税务局党总支书记、局长
曹国堂	晋城市沁水县郑庄镇河头村党总支书记、村委会主任

朔州市（4名）

刘大春	朔州市朔城区神头街道司马泊村党支部书记
贾丕福	朔州市平鲁区住房保障和城乡建设管理局党总支书记、局长
郭　俊	山西古城乳业集团有限公司党总支书记、董事长
边彦明	朔州市怀仁县云中镇党委书记

忻州市（9名）

张娟利(女)	忻州市忻府区新建路街道办事处民政助理员、老年福利服务中心主任
弓平峰(女)	忻州市原平市财政局乡财中心主任、工会主席
栗翠田	忻州市原平市子干乡子干村党支部书记
张国新	忻州市岢岚县大涧乡吴家庄村党支部书记、村委会主任
孙瑞国	忻州市保德县南河沟乡人民政府组宣员
常建平(女)	忻州市偏关县会计核算中心主任
罗国平	忻州市公安局交警支队直属三大队三中队中队长
邢卫东	忻州市邮政局职工
宋大伟	山西鲁能晋北铝业有限责任公司拜尔二分厂分解车间副主任

晋中市（8名）

李天福	晋中市榆次区张庆乡党委委员、纪委副书记
董永红(女)	晋中市太谷县人民检察院控告申诉检察科科长、案件管理中心负责人
安启明	晋中市介休市城关乡南街村党总支书记、村委会主任
杨　堃(女)	晋中市灵石县煤气化公司总经理、城市集中供热总站站长、住房保障和城乡建设管理局副局长
吕爱鸿	晋中市左权县龙泉乡党委书记
王海元	晋中市和顺县直属机关工委书记
刘继红	晋中市昔阳县集中供热供气中心副主任
崔志强	晋中市公安局经济技术开发区分局指挥中心主任科员

临汾市（9名）

徐靖华	临汾市尧都区枕头乡枕头村党支部书记
周宝贵	临汾市侯马市公安局交警大队一中队民警
巩彩平	临汾市霍州市南环路街道办事处东湾村党总支副书记、村委会主任
王麦生	临汾市洪洞县万安镇曹家庄村党支部书记、村委会主任
杜　斌	临汾市曲沃县杨谈乡党委书记
李永升	临汾市吉县东城乡党委书记
范玉平	临汾市蒲县黑龙关镇黑龙关村党支部书记、村委会主任
陈青莲(女)	临汾市经济技术开发区党工委组织部副部长、人事劳动局副局长
吕　斌	山西新临钢钢铁有限公司炼钢厂冶炼车间主任

运城市（9名）

郭　丽(女)	大学生村官，运城市万荣县万泉乡杨家垛村党支部书记
李姣果(女)	运城市稷山县蔡村乡郝壁村党支部书记
李明造	运城市空港新区管委会主任
吕家柱	运城供电公司党委书记、副经理
王立平	运城市建筑工程有限公司常务副总经理
卫　龙	运城市解州关帝庙文物保管所所长
毋刚石	运城市河津市公安局僧楼派出所指导员
张光焰	运城市经济开发区建设局副局长

张国庆　　运城市夏县裴介镇大吕村党支部书记

吕梁市（7名）

梁　宝　　吕梁市石楼县灵泉镇薛家垣村党支部书记
白志荣　　吕梁市离石区交口街道党工委书记
郭平则　　吕梁市岚县岚城镇团委书记兼民政助理员
李步福　　吕梁市柳林县孟门镇后冯家沟村党支部副书记
徐锦笙　　吕梁市文水县史志办公室主任
高保军　　吕梁市临县民政局副局长
郭贵和　　吕梁市孝义市委秘书长

省直工委（2名）

翟顺河　　山西省城乡规划设计研究院党委副书记、院长
杨景春　　山西省民航机场集团公司地勤服务部不正常航班
　　　　　保障分部主管、生产信息分部主管

省高校工委（2名）

李新宇　　山西师范大学教授、博士生导师
闫曙光　　长治医学院附属和济医院党委副书记、院长

省国资委（2名）

王晓东　　山西三益华信电子有限责任公司第一研究所研究室
　　　　　主任、优秀党员、高级工程师
贾文强　　太原重工技术中心风电所所长、技术中心
　　　　　起重第一党支部书记

国防科工委（1 名）

吴秀花(女) 中核新能核工业工程有限责任公司副总工程师、工艺所主任工程师

教育系统（1 名）

许军则　　长治市第二中学校教师

医药卫生系统（1 名）

赵明铭　　晋中市第一人民医院党委委员、纪律检查委员会书记

非公有制经济组织（1 名）

张建明　　山西宏远能源科技集团党总支书记、董事长

社会组织（1 名）

张建军　　山西省文化发展基金会理事长

律师行业（1 名）

梁桐栋　　山西佳镜律师事务所党支部书记

会计师行业（1 名）

阴兆银　　中审国际会计师事务所有限公司华晋分所
　　　　　党支部书记、所长

新闻单位（4 名）

赵向南　　《山西日报》政法部主任记者

赵继宝　　山西广播电视台新闻中心记者
张建国　　山西广播电视台综合广播通联部主任
杜海霞(女)　山西省互联网新闻中心编辑部主任

中共山西省委组织部追授的全省创先争优优秀共产党员（1名）
彭　云　　朔州市山阴县下喇叭乡口子梁村原党支部书记

目　录

1 / 漫漫"长征路"　默默奉献情
　　——记太原市邮政局乡邮员王收秋

4 / 一名老共产党员的坚守与追求
　　——记国家电网山西临汾供电公司离休干部解黎明

7 / 群众信服的拆迁人
　　——记太原市小店区城区综合改造建设领导组办公室主任马吾东

10 / 小巷"总理"
　　——记太原市迎泽区老军营街道桃园南路第二社区党支部书
　　　记、主任李建芳

13 / 群众满意的"爱民书记"
　　——记太原市杏花岭区中涧河乡中涧河社区党支部书记、居委会
　　　主任林宝寿

16 / 奉献不言苦　追求无止境
　　——记太原市尖草坪区环境卫生队工人彭跃文

19 / 致富不忘众乡亲
　　——记美锦集团董事，太原市清徐县马峪乡仁义村党支部书记、
　　　村委会主任姚三俊

22 / 扎根基层　一心为民
　　——记太原市阳曲县东黄水镇党委书记金润全

25 / 把村民富裕幸福作为毕生的追求
　　——记太原市娄烦县静游镇东六度村党支部书记高旺则

28 / 默默无闻的奉献者
　　——记太原东山煤矿有限责任公司综采队工人张润明

31 / 千磨万击还坚劲　任尔东西南北风
　　——记大同市矿区和顺街街道办事处泰荣里社区党支部书记
　　　丁玎

34 / 献浓浓爱心　洒一片真情
　　——记大同市新荣区西村乡甘庄村党支部书记、村委会主任关月梅

37 / 情系财政献才智
　　——记大同市左云县财政局局长张俊

40 / 上善若水
　　——记大同市阳高县水务局党总支书记、局长张益民

43 / 恒山脚下"铁警花"
　　——记大同市浑源县公安局交通警察大队岗勤中队东门岗区民警
　　　毛丽

46 / 对人公正、对己清正的组工干部模范代表
　　——记大同市开发区党工委组织部副部长、团区委书记腾雁

49 / 乐观自信铸校魂　创先争优谋发展
　　——记大同市第十二中学校校长王录

52 / 为有奉献多豪迈　敢叫御河展新颜
　　——记大同市园林管理局御河生态林管理处党支部书记、处长
　　　王继芳

目 录

55 / 耐得辛劳也坦然
　　——记同煤国电同忻煤矿有限公司综采队队长乔海

58 / 赤子情怀
　　——记阳泉市平定县东回镇前黄安村党支部书记、村委会主任裴海平

61 / 在服务和奉献中彰显价值
　　——记阳泉市城区南山路街道北岭社区党支部书记、居委会主任王秀琳

64 / 铿锵玫瑰让党旗熠熠生辉
　　——记山西省公路局阳泉分局勘测设计所党支部书记姚向红

67 / 国企改革的弄潮儿
　　——记阳泉市元承建业工程有限公司党委副书记、经理李彦明

70 / 心系百姓　造福一方
　　——记阳泉市经济技术开发区下五渡村党支部书记李银志

73 / 扫帚做笔写人生
　　——记长治市城区市容环境卫生管理处太行清扫公司副经理石丽青

76 / 践行"三字经"　倾力惠民生
　　——记长治市屯留县委组织部副部长，县人力资源和社会保障局党组书记、局长郭学斌

79 / 一心为民的好当家
　　——记长治市长子县碾张乡赵村党支部书记、村委会主任马连金

82 / "猫路"上的信使
　　——记长治市壶关县邮政局鹅屋乡乡邮投递员赵月芳

85 / 把忠诚献给林业 让绿色永驻大山
　　——记长治市平顺县林业局党组书记、局长杨晓

88 / 乡村里的巾帼
　　——记长治市黎城县停河铺乡西黄须村党支部书记、村委会主任
　　　王培苗

91 / 潜心学习研究 勇攀科技高峰
　　——记首钢长治钢铁有限公司炼铁厂总工程师张联兵

94 / 用坚守、奉献、责任诠释共产党员的先进性
　　——记长治市糖酒副食有限公司党总支书记、董事长韩晋国

97 / 让青春在奉献中闪光
　　——记长治市国家税务局机关党委办公室副主任赵刚

100 / 铁骨 丹心 柔肠
　　——记晋城市泽州县下村镇上村村党支部书记、村委会主任张晓林

103 / 群雁高飞头雁带
　　——记晋城市泽州县高都镇泊南村党总支书记田国富

106 / 民主公开才能真正赢得民心
　　——记晋城市阳城县凤城镇岳庄村党总支书记梁东亮

109 / 卧薪尝胆跃龙门
　　——记晋城市阳城县东冶镇蔡节村党总支书记、村委会主任
　　　赵会牛

112 / 创先争优擎旗人
　　——记晋城市陵川县地方税务局党总支书记、局长张雪峰

115 / 坚守一个朴素的信念
　　——记晋城市沁水县郑庄镇河头村党总支书记、村委会主任
　　　曹国堂

目录

118 / 树起群众心中的丰碑
　　——记朔州市朔城区神头街道司马泊村党支部书记刘大春

121 / 咱是共产党员，党交给的工作就一定要干好
　　——记朔州市平鲁区住房保障和城乡建设管理局党总支书记、局长贾丕福

124 / 转型"白色产业"的擎旗人
　　——记山西古城乳业集团有限公司党总支书记、董事长郭俊

127 / 为了人民满意
　　——记朔州市怀仁县云中镇党委书记边彦明

130 / 福利院的阳光使者
　　——记忻州市忻府区新建路街道办事处民政助理员、老年福利服务中心主任张娟利

133 / 她为党旗添光彩
　　——记忻州市原平市财政局乡财中心主任、工会主席弓平峰

136 / 头雁风采
　　——记忻州市原平市子干乡子干村党支部书记栗翠田

139 / 用心拥抱明天
　　——记忻州市岢岚县大涧乡吴家庄村党支部书记、村委会主任张国新

142 / 学在前　行在先
　　——记忻州市保德县南河沟乡人民政府组宣员孙瑞国

145 / 人生价值在奉献中闪光
　　——记忻州市偏关县会计核算中心主任常建平

148 / 用平凡的事迹铸就不平凡的感动
　　——记忻州市公安局交警支队直属三大队三中队中队长罗国平

151 / 沧海一粟　方显本色
　　——记忻州市邮政局职工邢卫东

154 / 平凡的岗位　基层的楷模
　　——记山西鲁能晋北铝业有限责任公司拜尔二分厂分解车间副主任宋大伟

157 / 跑着为群众服务
　　——记晋中市榆次区张庆乡党委委员、纪委副书记李天福

160 / "为民解忧，唯民是亲"的女检察官
　　——记晋中市太谷县人民检察院控告申诉检察科科长、案件管理中心负责人董永红

163 / 新农村建设的"领头雁"　农民致富的带头人
　　——记晋中市介休市城关乡南街村党总支书记、村委会主任安启明

166 / 无怨无悔的开拓者
　　——记晋中市灵石县煤气化公司总经理、城市集中供热总站站长、住房保障和城乡建设管理局副局长杨堃

169 / 扎根基层勇争先　敬业奉献创佳绩
　　——记晋中市左权县龙泉乡党委书记吕爱鸿

172 / 基层党建的领班人
　　——记晋中市和顺县直属机关工委书记王海元

175 / 牢记使命　争做时代先锋
　　——记晋中市昔阳县集中供热供气中心副主任刘继红

178 / 牢记宗旨使命　树干警楷模
　　——记晋中市公安局经济技术开发区分局指挥中心主任科员崔志强

目录

181 / 大山深处的引路人
　　——记临汾市尧都区枕头乡枕头村党支部书记徐靖华

184 / 三尺岗台上的坚守
　　——记临汾市侯马市公安局交警大队一中队民警周宝贵

187 / 农民致富"领头雁"
　　——记临汾市霍州市南环路街道办事处东湾村党总支副书记、村委会主任巩彩平

190 / 谋发展敢创敢试　抓建设倾心倾情
　　——记临汾市洪洞县万安镇曹家庄村党支部书记、村委会主任王麦生

193 / 砥砺奋进谋跨越　创先争优当先锋
　　——记临汾市曲沃县杨谈乡党委书记杜斌

196 / 一名乡镇党委书记的不懈追求
　　——记临汾市吉县东城乡党委书记李永升

199 / 用实际行动诠释共产党员的先进性
　　——记临汾市蒲县黑龙关镇黑龙关村党支部书记、村委会主任范玉平

202 / 无私奉献的模范　恪尽职守的表率
　　——记临汾市经济技术开发区党工委组织部副部长、人事劳动局副局长陈青莲

205 / 永无止境的追求
　　——记山西新临钢钢铁有限公司炼钢厂冶炼车间主任吕斌

208 / 为了父老乡亲的期望
　　——记大学生村官，运城市万荣县万泉乡杨家垛村党支部书记郭丽

211 / 为乡亲蹚出一条致富路
　　——记运城市稷山县蔡村乡郝壁村党支部书记李姣果

214 / 创业者之歌
　　——记运城市空港新区管委会主任李明造

217 / 党建新路上的老兵
　　——记运城供电公司党委书记、副经理吕家柱

220 / 真抓实干结硕果　科学发展谱新篇
　　——记运城市建筑工程有限公司常务副总经理王立平

223 / 弘扬关公文化的领军人
　　——记运城市解州关帝庙文物保管所所长卫龙

226 / 亲民爱民的"阳光警察"
　　——记运城市河津市公安局僧楼派出所指导员毋刚石

229 / 情系城建志不移
　　——记运城市经济开发区建设局副局长张光焰

232 / 一个优秀党员的为民风采
　　——记运城市夏县裴介镇大吕村党支部书记张国庆

235 / 敬业奉献的光辉典范
　　——记吕梁市石楼县灵泉镇薛家垣村支部书记梁宝

238 / 一心为民谋发展　行动诠释公仆心
　　——记吕梁市离石区交口街道党工委书记白志荣

241 / 立足平凡岗位　谱写青春赞歌
　　——记吕梁市岚县岚城镇团委书记兼民政助理员郭平则

244 / 故土情深
　　——记吕梁市柳林县孟门镇后冯家沟村党支部副书记李步福

目录

247 / 用忠诚书写春秋
　　——记吕梁市文水县史志办公室主任徐锦笙

250 / 为政府分忧　替百姓解愁
　　——记吕梁市临县民政局副局长高保军

253 / 一片冰心在玉壶
　　——记吕梁市孝义市委秘书长郭贵和

256 / 心中有乾坤　笔下绘蓝图
　　——记山西省城乡规划设计研究院党委副书记、院长翟顺河

259 / 无私奉献　心系旅客
　　——记山西省民航机场集团公司地勤服务部不正常航班保障分部
　　　主管、生产信息分部主管杨景春

262 / 身残志坚　教书育人
　　——记山西师范大学教授、博士生导师李新宇

265 / 用爱心和忠诚践行党的卫生事业
　　——记长治医学院附属和济医院党委副书记、院长闫曙光

268 / 勤奋吃苦献忠诚
　　——记山西三益华信电子有限责任公司第一研究所研究室主任、
　　　优秀党员、高级工程师王晓东

271 / 永远不对自己说满意
　　——记太原重工技术中心风电所所长、技术中心起重第一党支部
　　　书记贾文强

274 / 最美女设计师的"核"处人生
　　——记中核新能核工业工程有限责任公司副总工程师、
　　　工艺所主任工程师吴秀花

277 / 正师德 练师能
　　——记长治市第二中学校教师许军则

280 / 杏林"啄木鸟" 十载写忠诚
　　——记晋中市第一人民医院党委委员、纪律检查委员会书记赵明铭

283 / 谋转型 甘奉献 跨越发展领路人
　　——记山西宏远能源科技集团党总支书记、董事长张建明

286 / 奉献公益的文化情怀 身先士卒的领军风范
　　——记山西省文化发展基金会理事长张建军

289 / 把国家利益、服务群众时刻装在心中
　　——记山西佳镜律师事务所党支部书记梁桐栋

292 / 抓好基层党支部建设 创建一流会计师事务所
　　——记中审国际会计师事务所有限公司华晋分所党支部书记、所长阴兆银

295 / 为党和人民鼓与呼
　　——记《山西日报》政法部主任记者赵向南

298 / 从军营走来的电视人
　　——记山西广播电视台新闻中心记者赵继宝

301 / 用敬业书写广播记者的责任
　　——记山西广播电视台综合广播通联部主任张建国

304 / 责任重于能力 敬业才能争优
　　——记山西省互联网新闻中心编辑部主任杜海霞

307 / 大山的脊梁
　　——追记朔州市山阴县下喇叭乡口子梁村原党支部书记彭云

310 / 后记

漫漫"长征路" 默默奉献情

——记太原市邮政局乡邮员王收秋

王收秋现为太原市邮政报刊发行投递局西山分局大虎沟投递组的一名乡邮员,也是太原市邮政局目前唯一的步班乡邮员。27年来,他无怨无悔从事邮政事业,以"一年一个长征"的旅程,将邮政普遍服务延伸到偏僻乡村,践行了一名共产党员的铮铮誓言,抒写了一个乡邮员平凡而伟大的人生。

王收秋所服务的王封乡地处太原市西山地区,有近30个自然村、23个村委会、1个中型煤矿,方圆138平方公里,服务人口约1万多。这里山高坡陡,山峦连绵起伏,道路蜿蜒崎岖,而且村与村相距较远。就是在这样一个既没有绿色邮递车,又不能骑自行车的地方,邮件投递只能靠步行背送,投递工作极为艰辛。

27年来,他每天早出晚归,顶严寒、冒酷暑、迎风沙,晴天一脸煤、雨天一身泥,背着一个装满党报党刊、政策文件、群众信件和邮包的特制大邮包,独自行走在乡野山路上。两个饼子,一瓶凉水,就是他的午餐。由于每天的邮件不下25公斤,为了方便工作,他自创了一种特别的背包姿势以减轻腰部负担,类似于搬家工人搬家具,带子套在脖子上,两手撑住,用整个背部受力,以缓解因常年背单肩包导致的脊柱侧移和颈椎、腰部的疼

痛。邮路上,他每天要路过老母亲住的王封村,83岁的老母亲总在家门口眺望儿子路过,但他很少歇脚。因为他知道,当天的邮件不送完,第二天攒起来的信和报他就背不动了。

27年来,在他的投递段中,从没有漏投、误投、错投,从没有收到一起用户的有理由申告。

2008年的一天,王收秋接到一份特快邮件,在山里找了一天也没找到那个收件人。王收秋明白特快邮件的意义,为了使信件不在自己手里延误,他在山里四处打听,直至晚上11点才在深山之中找到了收件人——一位在煤矿打工的四川民工。当民工从王收秋手中接过邮件时,他激动地说:"大哥呀,太谢谢您了!没有这封信,就耽误大事啦!"

王收秋始终认真投递每一封邮件,用敬业、朴实和信用服务群众。负责太古高速路施工的中铁一局工程部2009年进驻西山地区以来,寄往该工程部的各类邮件、包裹也随之增加。年岁已高的王收秋丝毫没有大意这一份新的责任,默默承担,尽力做到最好。2009年12月,中铁一局领导干部职工给他送来了写有

王收秋每天身负二三十公斤重的邮件,徒步行走50多公里山路,几乎是一年一个长征路

"徒步艰辛传情，邮政精神伟大"的锦旗。

2010年4月，为了减轻王收秋的负担，山西省邮政公司专门优化了投递路线，并安排路过邮车把他捎到第一个投递点小卧龙村，为的就是让王收秋每天少走5公里的山路，能提前两个小时回家。邮路虽然缩短了两个小时，但王收秋却从来没有提前回过家。原来，在省下来的两个小时里，王收秋又主动把自己的邮路延伸到了堡子村等3个村子和两个厂矿企业，不但路途没有减少，反而每天比以前要多走十几里山路。

近几年来，企业和地方各级党委、政府都给予了王收秋很高的荣誉：连续多次荣获"山西省邮政系统十佳投递员、服务明星"及省、市"邮政先进生产者"称号；2009年被评为"太原市十大新闻人物"，荣获"太原市五一劳动奖章"；2010年当选为"交通运输十大新闻人物"和"山西省劳动模范"，并被授予太原市"金牌工人"和"并州先锋"等荣誉称号；2011年荣获了"全国五一劳动奖章"。

一名老共产党员的坚守与追求

——记国家电网山西临汾供电公司离休干部解黎明

一位离休老干部、老党员，不以在家颐养天年为乐，而以捐资助学、扶贫济困为荣，践行党的宗旨，为党争取荣誉。离休15年，她三次作出承诺，帮助150名山区孩子圆了大学梦，倾尽一位老党员、老干部的社会责任。她就是现年88岁高龄、有着58年党龄的国家电网山西临汾供电公司离休干部解黎明。她的先进事迹感动了三晋大地，引起了中央领导同志的高度关注。中共中央政治局常委李长春同志作出重要批示："离休老党员解黎明的精神境界十分感人，中央媒体要予以宣传。"中共中央政治局委员、中央书记处书记、中央组织部部长李源潮同志作出重要批示："离休干部解黎明的先进事迹应广泛宣传。要鼓励有条件的老同志学习解黎明同志的先进事迹。"

离而不休　永葆先进

解黎明1985年5月在原临汾地区电业局工会副主席的岗位上离休。在职期间，她一心扑在工作上，忠诚敬业，不计名利，甘于奉献。离休之后，她仍然积极参加党组织的活动，坚持发扬艰苦奋斗、无私奉献的优良作风，心系国家发展，情系贫困学子，尽自己最大的努力为困难群众办好事。

1988年吕梁地区洪灾、2003年抗击"非典"、2003年临汾市市容改造、2008年南方抗击冰雪灾害等，她都积极捐款帮助。2008年四川汶川发生地震后，她在捐款的基础上，又积极交纳了"特殊党费"。

在保持共产党员先进性教育活动期间，已经80多岁的解黎明不顾年迈，在北京、四川、湖北、浙江等地巡回报告28场，听众达到1.8万人次，产生了巨大反响和广泛的示范带动作用。

心系未来　捐资助学

解黎明说："国富民强，关键是人民素质的提高。而素质的提高又必须从小抓起，让更多的孩子掌握科学文化知识，使他们以实际行动热爱祖国、热爱党、热爱我们的伟大民族。作为共产党员就要为此而奋斗，应该为实现这一宏伟目标而奋斗一生。"

她是这样说的，也是这样做的。十几年来她坚持不懈资助贫困学生150人，资助金额达10万余元。

解黎明（前排中间年长者）在爱心助学捐资仪式上

1997年，解黎明得知北京女知青程玮离职舍家自筹资金来到大宁县搞扶贫开发，深受感动，当即决定要尽一个共产党员的责任和力量去支持和帮助她。1998年5月18日，解黎明让儿子专程将1万元钱送到了程玮手中，解决了19名儿童的上学问题。以此为发端，解黎明开始了长达十几年的捐资助学善举。

2000年7月1日这天，解黎明和老伴向临汾市尧都区区委、区政府和临汾供电分公司党委写信，以书面形式郑重承诺：在每年7月1日党的生日这天，每人拿出1000元（共2000元）捐助贫困学生，直至我俩离开人世。2002年6月，与她相濡以沫度过58个寒暑春秋的老伴因病去世。7月1日那天，她仍按时把2000元钱送到临汾供电分公司机关党总支书记手中。

艰苦朴素　奉献终身

解黎明总是对别人"落落大方"，对自己"斤斤计较"。她说："我们现在的生活好了，但艰苦奋斗的传统不能丢。"

她现在居住的还是老伴单位36平方米的宿舍，家里没有时尚家具，没有高档电器，餐桌上摆放着一个打了补丁的塑料托盘。洗面盆边一只1984年太原搪瓷厂生产的白色搪瓷杯子已斑驳脱色。衣橱里的一件呢子大衣已经伴随了她50多年。

2011年4月18日，已86岁的解黎明向党组织郑重申请，每年在捐助贫困家庭大学生1万元的基础上，再拿出1万元捐助贫困家庭。这样算来，解黎明每年捐助的金额达到了她养老金的40%以上。

群众信服的拆迁人

——记太原市小店区城区综合改造建设领导组办公室主任马吾东

"办法是人想出来的,不管多难,我们都得去面对。因为城中村改造对打造一流省城意义非凡。"太原市小店区城改办主任马吾东把"天下第一难"的拆迁工作作为提高做群众工作本领的机遇,坚持和谐拆迁,用真情实意赢取人民群众的理解和信任。任现职以来,工作责任区域没有发生一起因拆迁引起的群众上访或群体性事件,有效维护了党和政府的形象,促进社会和谐。

实干带队伍

一个疲惫却挺拔的身影无数次出入工地和拆迁户家中,征求意见,做思想工作;一双红肿却炯炯有神的眼睛无数次盯着图表、丈量、计算、嘶哑着嗓子组织开会、敲定拆迁细节……军人出身的马吾东说:"每天的工作就是一场战斗。"

他每天早出晚归、加班加点,饿了饼干、面包充饥,困了在工地上打个盹,坚守在拆迁工作第一线,把矛盾和问题及时化解在拆迁工作一线。他把信访办公室设在拆迁现场,拆迁进展情况在第一时间报送各级领导和相关单位,保证上级领导和部门随时

马吾东在办公室征求拆迁工作方案意见

掌握拆迁进度。

在他的带领下,城改办有了一支特别能吃苦、特别能战斗的工作队伍。太原南站规划线调整后,面对新增的紧急任务,城改办不推托,个个争先,在规定时间内完成了北营村34户1.2万平方米的摸排、方案制订、协议签订、房屋拆迁、垃圾清运等工作。省农科院宿舍区拆迁,仅用20天就圆满完成了637户居民动迁任务。

真情撼人心

"我们的工作就是服务,服务的核心就是沟通"。拆迁工作中,马吾东注重换位思考,坚持站在被拆迁户的角度开展工作,做到以理服人、以情感人、以爱助人,赢得居民理解和支持。

针对太原液压机械厂职工生活困难、抵触情绪强烈的情况,他及时召开厂领导和住户代表参加的座谈会,冒雨深入厂区和宿

舍区耐心细致地做群众工作,嗓子哑了,每天仍然工作到深夜。

拆迁中,他总是把摸底工作做在前面、想在细处,广泛征求意见,最大限度地保障下岗职工、贫困家庭、住房困难户的利益。太原液压机械厂一位困难职工的妻子患病住院,他立即买了慰问品直奔医院,在病床前讲解政策,解除他们一家的后顾之忧。对于行动不便的拆迁户,他亲自联系搬家公司,带领工作人员帮助他们搬家。对于存在子女转学问题的拆迁户,他积极联系政府、教育局妥善解决。

真情感动群众。太原搪瓷厂家属区拆迁中,100余户居民仅用半天时间就全部签订协议。

安全保拆迁

马吾东始终坚持"安全第一",协调街办、派出所,拆迁期间实施24小时安全保卫,并加大夜间巡查力度,查找消除安全隐患,有效避免了盗窃、火灾等重大安全事故,保证了人身和财产的安全。

城中村——杨家堡村整体拆迁,片区14家单位拆迁、632户村(居)民的拆迁安置工作顺利完成,拆除55万平方米,无一上访。太原南站、铁路三项枢纽工程等60余家单位拆迁、3000余户居民安置、52万平方米建筑拆除、道路建设拆迁15万平方米等诸多拆迁工作中,无一事故。

小巷"总理"

——记太原市迎泽区老军营街道桃园南路第二社区党支部书记、主任李建芳

小巷"总理"是太原市迎泽区老军营街道桃园南路二社区居民对社区党支部书记兼主任李建芳的称呼。李建芳任职以来,以责任、忠诚、敬业的精神无微不至地为社区居民排忧解难,成为居民的贴心人,赢得了群众的信赖与支持。

为民服务到"家"

"社区干部,待遇不高责任大,既然自己站在这个岗位上,就要发扬罗文精神——责任、忠诚、敬业,实实在在为居民办实事、解难事。"2010年9月,李建芳从桃园南路一社区副主任岗位调任桃南二社区任党支部书记兼主任,一上任就作出了为民服务的承诺。

两年多来,她带领社区全体工作人员外树形象、内强素质,创新管理方法,转变工作方式,努力提高社区管理能力和水平,大力推行网格化管理体制,使为民服务的触角直接延伸到社区居民家庭,让社区居民得到方便、快捷的"家"服务。

桃南60号院独居老人刘大爷,在小组服务中得到了急需的

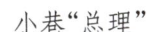

药品；78岁老革命马金太老人，在小组服务中用"温馨联心卡"吃到了六味斋熟食店送来的粽子……居民有事就找社区，社区有求必应。

调解纠纷到"户"

"社区工作无小事，居民的事再小也是大事。"

一天临下班时，康乐村居民孙师傅怒气冲冲地来到社区，说他的邻居张师傅要在原五层的基础上再加一层，严重影响了他家的采光。李建芳和社区调解员急忙放下手中的活，跟着孙师傅实地察看。当时张师傅正准备卸建筑材料，孙师傅的儿子不让卸，双方面红耳赤，眼看一场争吵就要发生。李建芳赶到纠纷现场，及时稳定住双方的情绪后，开始对孙师傅和张师傅进行细致入微的调解劝导。经过一中午苦口婆心的劝解，二人终于达成共识，张师傅只加一半，以后不再说加层的事。

李建芳（右二）深入到居民区宣传安全

这样的邻里纠纷发生过多少次,她也记不清了,但居民们记得,他们说:没有李书记,不知要出多少事;有了李书记,我们省了很多事。

创新服务到"位"

李建芳不断创新社区服务方式,大力开展"五心服务",推出"温馨联心卡""温馨QQ群""老老扶助"等,使服务更加贴近群众。

她多方奔走,争取各级支持,改善社区服务条件。在她的努力下,社区读书俱乐部焕然一新。先前摇摇欲坠的书架得到了更换,还新添了3000余册图书。为了解决桃南60号宿舍院路面长期坑洼不平的问题,她多次与共建单位迎泽区住建局协商,争取投资20多万元,宿舍院2000平方米的路面得以修复。

她组织创新社区秧歌队的表演形式,编排的大型秧歌舞《大团圆》在太原市秧歌大赛中荣获二等奖,在迎泽区首届秧歌大赛中荣获一等奖,从而丰富和提升了本地区居民的精神文化生活。

她在社区青少年中倡导开展"在阳光下成长""心向党,学雷锋,见行动"系列主题实践活动,受到了家长、学校的欢迎。2012年,桃南二社区荣获"山西省关心下一代工作先进集体"称号。

群众满意的"爱民书记"

——记太原市杏花岭区中涧河乡中涧河社区
党支部书记、居委会主任林宝寿

在同事眼中,林宝寿是一位思路开阔、办事果断、敢想敢干的领导;在群众眼中,林宝寿是一位与老百姓打成一片、真心实意替老百姓着想的干部。

把群众当亲人　创建和谐社区

上任伊始,林宝寿就对党支部班子成员提出了"多谋事,少谋人;多帮忙,少添乱;多务实,少空谈;争贡献,求发展"的24字要求。

在林宝寿的推动下,每年的端午节、中秋节、春节,社区居民都能领到按户发放的面粉和其他副食品。社区200名60岁以上的老人,除每月能得到50元的养老金,还能每年免费体检一次。

在"访贫问寒送温暖,排查矛盾大接访"活动中,他带领干部走遍社区的每个角落,排查矛盾隐患11起。王福生是一名残疾人,生活困难。林宝寿现场召开"两委"会,决定由社区出钱为其整修住房,并每月给予补助金800元,使王福生切实感受到

林宝寿（右二）调研中涧河社区城中村发展规划

组织的温暖。

在城中村改造中，他带领党支部一班人因人、因事制宜化解各类矛盾，在不占用国家一寸耕地、不贷银行一分钱、不问国家要一分钱的情况下，保证了社区无群体性上访及越级上访事件的发生。

奉居民为上宾　创建精品社区

工作中，林宝寿时时装着一颗为民服务的心，一心扑在社区工作上，全力搞好社区服务。如今，中涧河社区环境优美，宜居宜心，居民满意。

为方便社区居民，他千方百计筹集资金，新建了136平方米的一站式服务大厅，配齐工作人员，合理调整布局，构建了社区服务中心，建立完善计算机网络，全部资料入微机，配备液晶显示屏、触摸屏、投影仪等设施。建立了80平方米的综合活动室，配套相关器材。设立了60平方米的图书阅览室，配套相关图书。

实施了居民楼宇亮化工程，对春怡园小区全部楼座 25 栋，进行立面粉刷 8.3 万平方米，沿河道楼座屋顶美化覆盖 3.3 万平方米。

牢记党的宗旨　带优爱民队伍

作为一名基层党组织书记，林宝寿十分注重强化班子自身建设，积极构建一支以社区党组织为核心、以社区工作者为主体、社区志愿者共同参与的功能健全、运转有序、服务居民的社区管理队伍。

着眼于社区服务，他积极推动构建社区班子成员联系社区群众的工作制度，经常带领班子成员深入社区了解民意，建立各种形式的党员服务组织，全方位、多岗位开展为民服务活动，切实帮助群众解决实际问题。

他根据社区党员特点和群众需求，设立了"党员奉献责任区""党员先锋模范岗"，成立了若干个党员志愿者服务队伍，开展了参政议事、民事协调、道德评议、扶贫帮困、治安巡逻、环境保洁、文化娱乐等方面的奉献服务，调动和激发社区党员发挥先锋模范作用，在服务群众中进一步密切党群关系，展示先锋形象。

奉献不言苦　追求无止境

——记太原市尖草坪区环境卫生队工人彭跃文

彭跃文1986年从部队退役后，服从组织分配成为太原市尖草坪区环境卫生队的一名工人。他27年如一日倾情环卫事业，立足岗位无私奉献，用辛勤的劳动换来城市的亮丽整洁，践行着"党员就是一面旗"的庄重誓言，先后9次被省、市、区评为"优秀共产党员"。

立足岗位承诺

创先争优活动中，环卫队党支部在创先争优活动中提出"四不一承诺"：事情不在我这里耽搁，工作不在我这里贻误，差影响不在我这里造成，形象不在我这里损害，承诺在我这里兑现。

彭跃文在环卫队公开承诺大会上郑重向大家作出承诺："认认真真服务，踏踏实实工作。共产党员是块砖，哪里需要哪里搬。坚决完成领导安排的各项工作任务，争创一流的工作业绩。"他用自己的实际行动兑现了把创先争优同自己的工作紧密结合起来的诺言，始终践行着环卫队提出的"请政府放心，让居民满意"的工作宗旨。

奉献不言苦　追求无止境

俯首甘心践诺

"宁愿一人脏，换来万人洁。我的选择就注定了是奉献。"彭跃文说。

彭跃文承担着38个公厕、43个化粪池的清淘清运工作。每天，他头戴草帽，身穿长袖工作衣，脚蹬长筒雨靴，手戴胶皮手套，从车上抬下又脏又重的吸粪管放入粪便池中，弯着腰身，手扶吸管开始吸粪。日复一日，重复着相同的动作，但他将"苦、脏、累、险、臭"这五个字抛在脑后，常常是一声"我来"，拿上铁锹便跳入池中。遇到撕扯不动的塑料袋等，他就用手一点点往外拽。每天收工，他的身上、脸上、手上、鞋上沾满了粪便污物，熏出的泪水与满头满脸的汗水混在一起直往下流，可他脸上却露出了胜利的微笑。

奉献在于自觉

脏累的劳动能够净化人的心灵，艰苦的岗位能够磨炼人的意志。彭跃文正是靠这种对环卫事业执著的爱，靠这种无私奉献的敬业精神，默默无闻地发挥着光与热，被人们赞誉为"尖草坪区新时代的活雷锋"。

他在努力做好自己本职工作的同时，在创建国家文明城市、开展城乡清洁工程以来，每当遇到突击任务和居民的求援，尽管自己已是又困又累或是已经下班回家，但接到电话的他从来都是接受任务不讲条件、执行任务不找借口、完成任务不留缺口，圆

彭跃文（右）在清理一个公厕的粪池

满完成各项工作任务。当接到居民下水道堵塞、化粪池跑水、厕所满溢等求援电话时，他不管是春节、国庆在家过节，还是下班时间在家休息，不管是刮风下雨，还是大雪纷飞，总是不顾一切用最短的时间赶赴现场进行疏通清淘，解决处理。

2010年，市里开展城乡清洁工程，突击清理城乡积存垃圾。他拖着疲惫的身体清运垃圾一趟又一趟，累计突击清运垃圾约51车260余吨。2011年11月底，突降一场大雪，影响了人们正常的生活和工作。雪情就是命令，他接到单位领导电话后以最快的速度到达清雪现场，与其他党员干部一道组成了清雪突击队。他，是最忙碌的身影，哪里缺人上哪里，放下这辆车，开上那辆车，不停地铲，不停地拉，经过十几个小时的连续奋战，终于使尖草坪区辖区范围内的主要干道恢复畅通。

致富不忘众乡亲

——记美锦集团董事，太原市清徐县马峪乡仁义村
党支部书记、村委会主任姚三俊

作为一名党员，姚三俊致富不忘乡亲，积极回馈乡亲、回馈社会，以实际行动诠释了共产党员的先进性，在群众中树立了良好的形象和较高的威望。

艰辛：熔铸创业历程

姚三俊在家中兄弟五人中排行老三，因家境贫寒，他自幼便饱尝人生艰辛。然而，苦水中泡大的姚三俊敢闯敢干。刚刚步入社会，欣逢改革开放，在父辈的帮扶指点下，他冒险于1981年借贷1.6万元，与兄弟二人合作承包两辆旧汽车跑起了运输，由此成为清徐县第一个汽运专业户。几年后，又与五兄弟合作，做起了煤焦运销业务……经过30年发展，姚三俊创立了以煤焦为主体、多业并举的大型民营企业美锦能源集团，业务涉足煤炭、焦化、热电、建材、钢铁、冶镁、物流、房地产、资本运营等领域。

在创业历程中，姚三俊作为主抓焦化生产的行家里手，以超前的思维和理念，紧跟国家产业政策，实施了多项技改升级和节

姚三俊（中）与客户商谈

能减排工程。以500万吨焦化产能为主，建成全国最大的独立商品焦生产企业和城市煤气气源基地，以"黑色资源绿色链""高碳产业低碳艺"的发展模式，引领企业一年一个新台阶，不断延伸产业链，构建了综合利用资源总面积5平方公里的美锦循环经济工业园，不仅带动了当地经济发展，而且安置了近万人就业，为国家创税最高年超过10亿元。

胆识：推进绿色转型

虽已成为享誉三晋的著名企业家，但姚三俊心系"三农"的情怀始终未变，强烈的事业心和社会责任感，促使他不懈追求、率先谋划，走上了一条工业反哺农业的绿色转型之路。

姚三俊着眼于社会效益，毅然响应政府号召，分批投资3000余万元，在清徐县河东地区的孟封镇和西谷乡初步建成以工厂化育苗、无公害蔬菜、苗木基地和优质葡果园为主体的两处农业科技示范园（美锦农艺园），成为汾河高效观光农业区的亮点工程。

在建园和运行过程中，他明确提出"利益让农户，风险留企业"的办园宗旨，致力于引进新品种、新技术，汇展农艺精华，开启现代视窗，以创办当今一流的工厂化蔬菜育苗基地为龙头，并采取免费培训、现场指导等方式，搭建起为农服务平台，取得了良好成效。

本色：塑造闪光人生

高尚朴实的品质，熔铸了姚三俊对国家和父老乡亲的深厚感情，他把对社会的奉献看作自己应尽的义务，不仅坚持依法足额纳税，同时还向一些陷入困境的企业和下岗职工、贫困家庭伸出援手。为带动当地乡亲共同致富，姚三俊领办的企业曾采取交定金互保优惠的办法，统一购回300辆货运汽车，交给下岗职工和乡亲们经营，帮扶带出了几百个几十万元户、几十个百万元户。在支持社会公益方面，美锦除承担向省城供气任务外，还多年免费向清徐县城输供煤气和采暖蒸汽，资助贫困户、贫困生1500余人，先后向社会公益事业捐资8000余万元。

为改变家乡仁义村的面貌，在任10年来，姚三俊团结带领一班人，科学制定了新农村建设规划，多方筹资并带头捐款或垫资，先后完成"两山一河"开发治理和6项惠民工程，使仁义村面貌焕然一新，率先成为市县有名的城乡一体化新农村示范村，得到村民的认可和赞赏。

扎根基层 一心为民

——记太原市阳曲县东黄水镇党委书记金润全

他是一名乡镇干部,更是8000万党员中的普通一员,他以对党的事业的无比忠诚、对人民群众的深情厚爱,扎根基层、踏实苦干,亲民爱民、无私奉献,用实际行动诠释了一名共产党员、一名基层干部对党的热爱。他就是阳曲县东黄水镇党委书记金润全。

评价一个干部的好坏,老百姓心中自有一杆秤。俗话说得好,"金杯银杯不如老百姓的口碑"。当你踏上东黄水镇这片土地,若向干部群众问起镇里的书记怎么样,你得到的回答都是竖起的大拇指。金润全任东黄水镇党委书记5年来,该镇有了巨大的变化——正气浩荡、党风端正、乡村文明、经济发展,这主要得益于东黄水镇有个好书记。他经常深入到村,从田里苗情、畜牧养殖到家长里短,都了如指掌。他的民情日记记了一本又一本,全镇哪个村有困难、有矛盾、有信访苗头他都要主动上门,解民情,办实事。他每天的工作都安排得满满的,工作中的苦与乐、得与失他都经历得太多,磨炼出了坚强刚毅的性格、宽阔豁达的胸怀。他似乎已经习惯了满负荷的工作,总是满腔热忱、充满信心。再辛苦,也从来不说一声累;再大的困难,从来都是从容面对；再大的委屈，也总是一笑置之。在他的眼里，工作的核心只有两个字：发展。工作中，他总是把提高效率摆在第一位，"掌握情况定措施，提高效率看结果"是他工作的信条。东黄水镇有12个行政村，基本都以农业为主要谋生手段，人民群众生活水平还较为低下，还有个别群众居住在破旧的窑洞中。为了解决这些困难，五年来，他四处奔走，通过外引内联、向上争取项目等办法先后引进了金圆水泥、新型炉业、华润天然气、博益达制品等一批重点企业项目，解决了四村千余剩余农村劳动力的就业问题；实施了农业开发、街巷道路硬化、人饮水利、整村推进、危旧房改造等一批关乎群众切身利益的民生项目；建成了河上咀、吉家岗、范庄、西殿4个设施蔬菜生产示范小区,总面积达530亩,温室建设270栋。蔬菜种植户每间均收2万元，辐射带动100余农户人均年增收3000元。打深井5眼，实施街巷硬化40多公里，解决了全镇群众吃水难和行路难的问题。各项惠民项目的逐一实施，使东黄水的基础设施建设和群众生产生活发生了巨大变化，广大群众也笑开了眼。"爱民才有为，富民才有位。"这是金润全始终坚守的群众观和政绩观。上任伊始，他就接待来访群众，无论什么人，无论任何事，都耐心细致地解决处理，并亲自调查情况，亲自出面协调，亲自督导落实。长期以来的坚持，使"有事到服务中心，难事找党委书记"成为来访群众的"口头禅"。

吉家岗村小学因资源整合，在原村小学上学的孩子不得不到距村3公里的东黄水村小学就读，路途坑坑洼洼，有很长一段上下坡路，没有大人接送的孩子要每天骑自行车甚至步行到新学校上学，存在很大的安全隐患。有村民反映，金润全书记高度重

金润全（右二）深入田间地头了解今年农作物新品种长势情况

视,多次向上级反映并积极协调县交通局、运管站等部门,专程开设了县城黄寨—吉家岗村的二元公交车,仅一个月就解决了吉家岗村孩子上下学乘车难的问题,受到了老师、家长、社会各界人士的好评。

　　作为一个乡镇党委书记,为谁谋权,这是金润全经常扪心自问的一个话题。五年多来,东黄水镇民生项目接连不断,许多人也曾打过他的主意,然而在诱惑面前他就是毫不动心,充分表现了一名共产党员、基层领导干部的高风亮节。有人也曾经拎着包去拜访过他,要求给予方便,可是他一口回绝,没有一丝商量余地。一名落地企业负责人感慨万千,想不到在金书记这儿进驻企业不用花一分应酬的钱,这样的干部难得碰着。榜样的力量是无穷的。正因为金润全的带头作用,现在东黄水镇干群团结一致、齐心协力、努力奋进在提前实现农村现代化的进程中。

把村民富裕幸福作为毕生的追求

——记太原市娄烦县静游镇东六度村党支部书记高旺则

他是一位平凡的农村干部,在村支书的岗位上一干就是20年,他说,把群众装在心里的支书只是合格的支书,被群众装在心里的支书才是好支书。他就是娄烦县静游镇东六度村党支部书记高旺则。

抓龙头带全局　树立新风正气

1991年换届选举中,高旺则在群众期待的目光中上任东六度村党支部书记。上任之初,他与11名村"两委"班子成员约法三章:一心为公,不损害群众利益;全心全意,身心放在村里;廉洁自律,树立良好形象。年初,他与"两委"干部签订了目标责任书;年中,组织了"两委"成员述职大会;年终,又进行了群众满意度测评。根据测评结果,他组织召开了联席会议,兑现了"两委"报酬和奖惩制度。"两委"成员工作有了目标、肩上有了压力、精神有了活力。

火车跑得快,全靠车头带。为强化党员队伍的管理教育,他定期组织41名党员集中学习。每遇到修路、整地、清洁卫生等

高旺则召集支部班子成员协商村级发展规划

公益事业,他总是冲在最前头。根据县里的要求,他将全村38名无职党员分类设岗定责,设置了村务监督岗、政策宣传岗、公益事业岗、矛盾调解岗等12个岗位,根据党员个性和能力,分别签订了责任状。

调结构兴产业　带领群众致富

他带头铲除了自己的小煤焦企业,并通过包村干部和驻村工作队到有关部门跑资金、上项目,先后筹资20多万元,发动村民筹措股金20多万元,建起了全县第一个养鸡场,并从省里聘请了专业养殖和防疫人员。在他的精心管理下,养鸡场当年收益60多万元。他偿还了贷款,把利润全部分给了村民,自己一分不留。尝到甜头的村民纷纷效仿,先后建起了养猪场、养牛场、养羊场,还有村民搞起了中药材和大棚蔬菜种植,村里的养殖、种植业粗具规模。到2010年,全村猪场占地50亩,年出栏生猪可达5000多头;养鸡场占地30亩,年出栏10万只鸡;建成蔬菜大棚48间。农民人均收入增加了1万多元。仅为维护农业企业的利益，他成立了养殖专业合作社，与省城大商家联手，签定了购销合同，降低了种植、养殖户和村民的经营风险。

舍小家顾大家　大爱无言动乡亲

20多年来，他为村里累计垫付的资金就有30多万元。

2008年夏，雨下得特别大、特别多，小学校舍渗漏。高旺则从县教育局争取到危房改造资金6万元，又拿出准备给儿子结婚用的8万元，动员村民出义务工。新学期开学，孩子们都搬进了宽敞明亮的新教室。

村里70多岁的孤寡老人高白柱，早年老伴去世，本人又患上了关节炎，生活无依无靠。高旺则多次动员其到敬老院，老人不肯。高旺则就索性将其接到自己家中，老人的衣食住行全由自己的家人照顾。

2011年7月的一个雨天，高旺则在陪同包扶单位省直机关工委调研途中，不慎撞车，昏迷了两天两夜，三根肋骨骨折。住院还不到20天，他就急着要出院，医生和村干部劝他再住几天，等痊愈后再出院，他却说："村里的事等着我，我住不踏实。"

默默无闻的奉献者

——记太原东山煤矿有限责任公司综采队工人张润明

张润明,一名采煤工,一名普通的共产党员,无论在部队还是矿山,有着20余年党龄的他始终对党忠诚,创新工作思路,积极开拓进取,默默无闻地发挥着先锋模范作用,以实际行动诠释了一名共产党员的深邃内涵。

1989年3月,21岁的张润明在结束军旅生涯后,不顾家人的强烈反对,义无反顾地来到太原东山煤矿,立志扎根矿山,为煤炭事业贡献力量。他说到做到,从301队到303队,再到综采队,工作单位几番变动,但他坚持工作在百米井下最艰苦、最危险的生产第一线的信念始终没有变。他出满勤、干满点,哪里需要哪里干,苦活累活抢着干,急难险重带头干,任劳任怨,不计报酬,干一行、爱一行、钻一行,成为安全生产中的大拿。

由于工作踏实肯干、技术过硬、善于学习、表现突出,他被选调到东山煤矿第一综采队。面对全新的设备和工艺,他忘我地投入到工作中,如饥似渴地虚心学习,向书本学理论,在现场练技能,不懂就问,勤学苦练,废寝忘食,夜以继日。工夫不负有心人,很快,张润明便熟练掌握了综采过程中难度较大的拉架技术和支架维修技术,并担任起支架维修小组长一职,能够独当一

默默无闻的奉献者

面开展工作了。他是综采队"建设学习型组织,争当知识型员工"活动中涌现出的杰出代表,也是"双向"培养的模范人物。

在51523工作面试采期间,正值春节、元宵节两大节日,作为当时班组中仅有的一名共产党员,他主动放弃与家人团聚的机会,加班加点奋战在工作现场,经常早班连二班,一个月没有休息一天,就连老母亲生病住院他都没顾得上回去看望。他清楚忠孝不能两全。为了攻克全国少见的31度大倾角开采技术难关,只有辛苦辛苦再辛苦。

进入71503工作面后,综采队遇到了历史罕见的错综复杂的11米组合大断层,顶板破碎,煤壁松软,进而整个工作面被岩石断死,还需打眼放炮,俯斜达到20余度。无独有偶,此时又逢中华民族两大传统佳节来临之际,为了确保工作面安全顺利推进,避免因放假停产而造成不利影响,公司决定综采队节日期间不休息,队党政发出号召,要求全队员工坚守岗位坚持生产,特别是党员干部要带头保勤,发挥表率作用。张润明再次放弃了与家人欢度佳节的机会,主动提出将2月份的带薪年休假往后推,

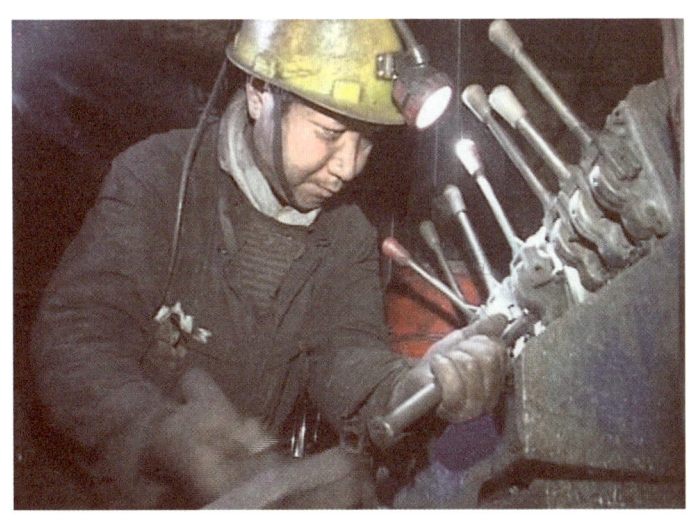

张润明检修综采支架

- 29 -

每天披星戴月、早来晚走，临晨4点到岗，直到下午4点多才能回家。因俯斜开采加之石头因素给综采支架造成较大影响，故障频繁增加了检修和维护保养的工作量，张润明不叫苦、不言累，认真细致地检查每一个支架的管路、喷雾、手柄、油缸……不留隐患，忘记了时间，忘记了疲劳，为公司实现首季开门红献出了光和热。

张润明思想纯洁、品德高尚。2010年6月的一天，他在51523工作面更换支架踏板时不慎将手腕扭伤，他没有吭声，也没有休息，坚持上班，几天后实在疼痛难忍时，他才请了探亲假。事后当队里知道此事过问时，他说是自己不小心扭伤，且无大碍，休息几天就行，正好请了探亲假，何必声张，给队里添麻烦。看似朴实无华的言语，道出了一个共产党员的博大胸怀和崇高境界。

张润明对自己要求很严，对他人却心地善良充满爱心。无论是公司组织的慈善一日捐、抗震救灾、抗冰雪灾害爱心救助等捐赠活动，还是队里组织的为生病受灾员工捐款，他都积极响应、踊跃参与、慷慨解囊，伸出友谊之手，献上一片爱心；工友有困难的他都真诚相助，身体力行；思想有包袱的，他晓之以理、动之以情，成为员工的贴心人。

他时刻不忘自己是一名共产党员，始终保持党的先进性。在公开承诺中，结合岗位实际，立诺以诚，践诺重行，用自己的模范行动影响和带动身边的每一个人。尤其是在党员安全责任区活动中，他强化责任区现场管理，狠抓行为规范，反三违、查隐患、堵漏洞、提建议，没有盲区、不留死角，月月超额完成工作任务，真正做到一个党员一面旗帜。

千磨万击还坚劲　任尔东西南北风

千磨万击还坚劲
任尔东西南北风

——记大同市矿区和顺街街道办事处泰荣里社区党支部书记丁玎

一个 26 岁的小姑娘在平凡的工作岗位上，凭着自己的坚持不懈，得到了各级领导和人民群众的认可；她就是大同市矿区和顺街道泰荣里社区党支部书记丁玎。

虚心学习强本领，尽职尽责促发展

初入社区，为了尽快熟悉工作，她邀请社区里有威信的群众

丁玎（左）耐心为居民解疑释惑

代表进行座谈了解民意，入户访谈倾听民声，把了解到的焦点问题当作自己今后工作的重点，同时注重虚心向群众和社区基层干部学习，不断提高做好社区工作、服务居民群众的实际本领。四年来，她全面参与和谐社区创建、计生管理、低保办理等工作，并对社区在青年就业、下岗职工再就业、贫困学子上学难等方面存在的突出问题进行了一一梳理，有针对性地帮助群众解决实际困难，为街道党工委开展各项工作奠定了基础。

带头创先进，争当"领头雁"

开展创先争优活动以来，她积极宣传党的方针和政策，努力做好党的工作，发挥党员先锋模范作用。对于党委布置的各项工作，她从来都是不折不扣地完成；叫别人做到的事，她都是首先做到并事事走在前面，以自己的行动影响并带动着周围的群众，使社区工作更加扎实，群众更加满意。

在落实社区党委开展"一个党员一面旗帜在社区飘扬"活动中，她带领党支部一班人，起草制定了《泰荣里社区党支部创先争优活动公开承诺书》，并对照承诺书内容严格执行，认真实施。在开展三项活动中她与绿化队的同志多次冒着酷暑和保洁员一起剪修树枝，整治环境。

树立全心全意为人民服务思想，全力做好社区工作

自被选聘为大学生村官以来，她立足岗位实际，充分发挥自身特长，共组织政治学习38次、志愿服务72次、就业培训6

次、就业招聘会 23 场，组建社区志愿者服务队 13 支，策划大型文艺演出 27 场、联系医院为居民义诊 9 次，为困难老党员免费理发 31 次，设立爱心超市 2 个，免费为居民发放大学生村官自创刊物《社区导刊》65 万余份，成立了大学生社区干部爱心助学基金，建成了关爱流动留守儿童之家等等，在为民排忧解难、谋利造福的同时，助推了社区经济全面发展。

在担任社区支部书记期间，她积极配合领导班子工作，注重加强社区内部的团结，经常帮助街道党工委对社区工作中出现的矛盾及时沟通和化解。在她的热心协调下，社区干部都能尽职尽责地开展工作，为社区营造了一个团结协作的工作气氛。

知民情，懂民意，充分发挥党员模范作用

她通过网络媒体学习，借鉴党建工作网格化理念，将辖区 43 栋楼划分为 18 个网格，经常与居民联系上门了解情况，及时向街道反映居民的生活状况以及意见和要求，帮助上级领导不断改进工作。4 年来，她共反映民意 230 项左右，自己与物业等部门协商解决 190 多项，例如泰荣里社区南大门下水道漫溢、泰荣里社区 18～21 栋路灯照明故障、老年居民文化场所问题、困难党员和困难居民的生活补助问题、提高社区工作人员为民服务意识和改进工作方法问题等等。

献浓浓爱心　洒一片真情

——记大同市新荣区西村乡甘庄村
党支部书记、村委会主任关月梅

在大同市新荣区甘庄村，提起支部书记兼村委会主任关月梅，人们纷纷称赞，说她是自己的好朋友、好姐妹、贴心人。为了让全村人能过上好日子，这位曾为商界奇才、勇闯致富路的奇女子，毅然放弃了年收入几十万元的生意，怀揣一颗为民谋福祉的热心，踏上了艰苦创业的征程。几年来，她引领全村村民调整产业结构，走科学发展的路子，实现了脱贫致富奔小康目标，使甘庄村成了全区产业结构调整示范村和远近闻名的致富村。她用真心、真情与大爱，谱写出一曲动人的奋斗与奉献之歌。

一名党员一面旗帜，我是党员我带头

关月梅是甘庄村最先走出去的党员之一。她从一名饭店服务员做起，经过十多年的打拼，到 2007 年，她已经在大同市拥有了一家资产上百万元的酒店。与此同时，由于甘庄村干部治村无方，全村经济发展缓慢，村民不断上访，怨声载道，一些村民纷纷去找她，请她回村当领头人。这时正值酒店生意蒸蒸日上，自己生活过得幸福美满的时候，村民有这样的要求自己该怎么办

献浓浓爱心　洒一片真情

关月梅（左二）在党员活动室组织党员学习党的知识

呢？2007年，她毅然放弃了自己苦心经营多年的酒店，回到村里，当起了村党支部书记。在随后的几年中，关月梅带领村"两委"班子齐心协力，用自己的辛劳与汗水带领全村人昂首阔步向前进。榜样的力量是无穷的，在关月梅的激励带动下，"求真务实、创新发展"已在甘庄村"两委"班子中蔚然成风，党支部更成为一个团结、高效、活泼、紧张的集体。

创新发展理念，带领全村致富

关月梅曾说道："我当村党支部书记并不想做一些惊天动地的大事，我只想为全村群众做一些实事。"甘庄村地处工矿区，过去村民在周边煤矿打工，生活还算富裕，人们渐渐地对土地失去了兴趣，导致土地荒废严重。2005年，由于资源枯竭和证照不全，煤矿被政策性关闭了，村民一下子失去了生活来源，每年人均纯收入也不过2000元左右。关月梅认为解决群众上访最终在于发展经济，便多次召开党员大会和群众大会，和农民群众谈心，仔细听取群众的意见，寻找甘庄村发展的道路。

她带领全村加快发展现代农业，实施"一村一品"产业，积极推进新品种引种试验示范，引进张杂谷3号试验田10亩，增加小杂粮种植面积；加大养殖业投资力度，根据甘庄村气候特点，准备育肥羔羊、高端母羊两个产业，以薪源种羊场繁殖基地为依托，以狮子村育肥羔羊基地为依靠，新建5个养羊圈舍，通过大量引进技术、人才，新增育肥羔羊200只，出栏3批，共计出栏600只，同时利用薪源种羊场胚胎移植、人工授精等方式，无偿为农户提供优质纯种羊20余只，帮助群众改良肉羊600只。

改善群众生活条件，为群众做好服务员

在新农村建设中，关月梅和村"两委"班子始终坚持以群众利益为出发点，和广大党员群众一起战斗在田间地头第一线。经过努力，甘庄村基础设施日益完善，新农村建设成效显著。

为方便村民出行和保障村民通行安全，硬化了村内全部大街小巷1.2万多米，并安装了路灯，绿化了巷道，解决了群众行路难的问题；为保证村容整洁，村"两委"在教育引导村民自觉爱护环境的基础上，成立了专门负责村卫生的保洁工作组，生活垃圾做到日产日清、定点定人管理，村庄环境明显改观。重新修建了西山水井，铺设地下管道7000余米，解决了村民吃水难的问题。重大节日走访看望村里的贫困户、孤寡老人，并为60岁以上老人每户每年补助生活补贴420元和电费120元，解决了他们的生活困难。投资10万元新建1处休闲娱乐广场以及1个篮球场、1套体育健身器材，并完成公园内休闲步道建设，种植了花草，解决了群众的休闲健身难问题。

情系财政献才智

——记大同市左云县财政局局长张俊

以求实的精神，团结带领全局干部职工，按照"全省先进、全市一流"的奋斗目标，扎实工作，克难求进，确保了县财政收入的稳步增长，各项工作走在了全省、全市前列。他就是左云县财政局局长张俊。

勤于学习　勇于实践

不断学习是张俊的人生准则。他努力并带领全局干部职工提高对学习重要性、必要性的认识，系统全面地学习现行的财经政策、财务会计法律法规等知识。通过学习，进一步增强了贯彻执行党的方针政策的自觉性，深化了对党的全心全意为人民服务宗旨的认识，增强了工作的原则性、主动性和前瞻性。

学习要联系实践。张俊善于把学习的成果应用于本职工作，用科学的理论和知识指导实践、推动工作。他带领一班人，深入钻研财政法规和财政发展现状，积极应对煤矿企业兼并重组的影响，结合左云实际，不断探索财政改革的新路子，把做大做强财政收入作为财政工作第一要务，通过采取一系列的增收措施，促进了财政收入的稳定增长。2011年，在税源严重不足的情况下，左云县财政总收入完成90841万元，为市考核任务的100.23%，比上年增长13.50%；一般预算收入完成30021万元，比上年增长1.43%，有力地推动了全县转型跨越发展。

改革创新　完善体制

接触过张俊的人普遍有一种感觉，此人很"精"。在多年的财政工作实践中，他练就了驾轻就熟、举重若轻的本领，能够紧紧围绕县委、县政府的工作目标，开拓创新，不断提升财政科学化、精细化管理水平。近三年来，共实施集中采购预算金额7171.45万元，采购合同金额6307.27万元，节支864.18万元，节支率12.05%。

张俊紧紧围绕全县工作大局，坚持科学规范财政管理，突出以人为本、关注民生与构建和谐社会的理财原则，优化和调整支出结构，提出了"四保三压"（保工资、保运转、保重点、保稳

张俊（右二）检查指导科室工作

定,压缩非工资性支出、零星支出和专项支出)的工作思路,使公共财政的保障能力进一步提升。通过合理调度资金,实现了"三个确保",即确保了机关事业单位工作人员和离退休干部工资津(补)贴、弱势群体人员最低生活费按时足额到位;确保了机关事业单位的正常运转;确保了县委、县政府确定的重点民生工程项目支出需求。

廉洁自律　率先垂范

张俊常说:"自身不硬莫打铁,自身不清难监督。"他认为,财政工作有三件法宝:抓收入、控支出、严管理。对于本单位、本系统的管理,应突出抓好廉政建设和作风建设。局机关成立了廉政建设领导小组和办公室,制定了《左云县财政局关于建立健全惩治和预防腐败体系的实施细则》和《财政系统内部"十不准"规定》,对局领导班子成员实行"一岗双责",强化廉政管理,坚持集体决策、民主评议,一切按规定办事、按程序操作,自觉接受监督。工作中带头坚持"四按"原则,即按程序、按轻重、按顺序、按缓急,不拨人情款、关系款,使财政资金分配全过程做到公开、阳光。

上善若水

——记大同市阳高县水务局党总支书记、局长张益民

有人说他是阳高的"龙王",因他为水迸发;有人说他是阳高的"大禹",因他为水坚守;有人说他是阳高的"雷锋",因他以水为媒,服务大众。他就是阳高县水务局党总支书记、局长张益民。

兴水,挺直了赶超脊梁

水是生命之源、生产之要、生态之基。

张益民上任后短期内跑遍了全县的山山峁峁,深入调研、立足县情谋划出全县水利发展的盘子,更深深地体会到了水务局长一职官帽虽小,但官职不轻:因为,论级别,水务局长是蒜头芝麻官,即便是集党总支书记于一身,也不过是科级干部;但论职责,水利事业却事关全县经济社会发展全局。

走遍千山万水,想尽千方百计,说尽千言万语,吃尽千辛万苦……经过实践检验,再次证明了张益民不愧是具有真本事的"老将",换回骄人的成绩:2012年上半年阳高共争取回各类水利项目投资2600多万元,被列为全省小型农田水利重点县。通过这些项目的实施,解决了11个村庄1.2万口人、2352头大畜的饮水

安全问题,完成了京津风沙源水源治理4500亩,新增改善水浇地1.2万亩……尤其值得一提的是,阳高人民梦寐以求的守口堡水库建设工程即将开工,这项工程的实施,既可保障全县工业大上项目用水,又能扩大农业灌溉面积,从而挺直了阳高实现赶超跨越发展的脊梁。

治水,实现了人水和谐

兴水利、除水害,历来是治国安邦的大事。

阳高有多少座水库塘坝、多少条河流、多少条大小沟道、多少片山洪灾害防治区、多少个山洪灾害危险行政村……张益民对此了如指掌。严峻的自然形势压沉了张益民的一颗心。

2012年春节一过,张益民就开始组织防办、河道管理站、黄黑水河灌区等单位主要负责人及有关技术人员对重点河沟道进行认真细致的踏勘检查,对检查中发现的易发险情地段分类登记造册,科学研究制订处理方案。

有人和他调侃,阳高7月才到雨季,刚进入春天就抓防汛,

张益民深入田间查看旱情

也有点太下手早了吧？也有人说，这么点事，还值得你亲自带队跑？但张益民心中明白：防汛，未雨绸缪是关键。越抓得早，心里越有底；防汛不是小事，事关老百姓的生命和财产，我不带头谁带头？

2012年7月的一天，暴雨骤降，街上的行人纷纷往家赶，而张益民却冒雨往山洪易发地段跑。巡查、排险、协调……每逢大雨，张益民总是哪里有危险就往哪里去。阳高的长城乡地处山区，和内蒙古交界，倘若内蒙古排洪不畅，极易使该乡发生泥石流。曾经夜晚的一场暴雨中，张益民和县领导一起跋山涉水赶往长城乡察看汛情，等回到家已是凌晨1点多。全身尽管湿透，但张益民心中异常热乎：万无一失！

管水，树起了党员标杆

学习做起点，事业才能有支点。基于这样的认识，张益民立足工作实践，不断充实知识、完善自己。几个月的时间，他通读了4本水利方面的书籍，积累了2本党的理论剪贴本，写下了近1万字的读书笔记。这不是简单的数字堆积，它从一个侧面体现了一个党员的职责和忠诚。也难怪干部职工对他这样的"知识型"领导深感敬佩。

左云县的水利工程一律实行公开招投标，严格工程程序和制度管理，以确保工程建设质量。有人背后称他为"张监理"，因为从工程材料的购进到每个环节的质量，他都要亲自把关；有人说他是"张黑头"，因为工程即使有1%的缺陷，他都不讲情面，返工重来！

恒山脚下"铁警花"

——记大同市浑源县公安局交通警察大队岗勤中队东门岗区民警毛丽

她身材瘦小,却用柔弱的肩膀扛起了铁面无私、秉公执法的大旗;她身材瘦小,却以女性特有的柔情、热情服务着哺育她的城乡百姓。她,就是浑源县东门岗区女交警毛丽。

勤学苦练强素质

毛丽出生在一个革命军人家庭。祖父是解放战争时期的老革命,父亲是部队转业后从事公安工作的老同志。受家庭的熏陶和影响,她从小就充满了对军警生活的向往,并且秉承了长辈们耿直、敢作敢为的性格和雷厉风行、做事果断的军人风格。2000年9月,她如愿迈入了梦寐以求的交警大队的大门。从参加工作的第一天起,她就暗下决心,一定好好工作,对得起长辈的教诲和头顶这枚闪光的警徽。

为了更好地胜任工作,她不仅注重政治理论学习,还系统地学习了法律法规,使自己的理论修养、政策水平和运用业务知识能力得到进一步提高。她在射击、擒拿格斗等民警大练兵活动中,都努力完成训练科目,练就了强壮的体魄和坚强的意志。

秉公执法不徇私

她所在的东门岗,位于进入恒山景区县城主干道的十字路口,这里是县城交通最复杂、最容易发生拥堵的地段,有着"恒山脚下第一岗"之称。毛丽值守东门岗第一天,就有队友和她讲:"浑源县十家九亲,巴掌大的县城谁不认得谁?睁只眼闭只眼算了。"毛丽说:"那干脆两只眼都闭上回家睡觉多好。对违章问题坐视不管,就是我们的失职;对违章的容忍,就是对人民的犯罪。这不仅关系到我们交警的形象,而且关系着浑源县的对外形象。"她还说:"不管任何人、何种身份,只要坚决纠正违章,凭良心做事,就没有攻不破的难关,没有治理不好的顽症。"

2011年1月的一天,一辆遮挡号牌的豪华轿车被毛丽拦下。车上跳下一名男子,二话没说,下车就要打她,但毛丽态度非常坚决,寸步不让。这时,来自四面八方的老百姓聚拢上来将她护在中间,呼声不断:"毛丽,我们支持你、相信你,你是正义的。"一瞬间,毛丽

毛丽在雨中指挥交通

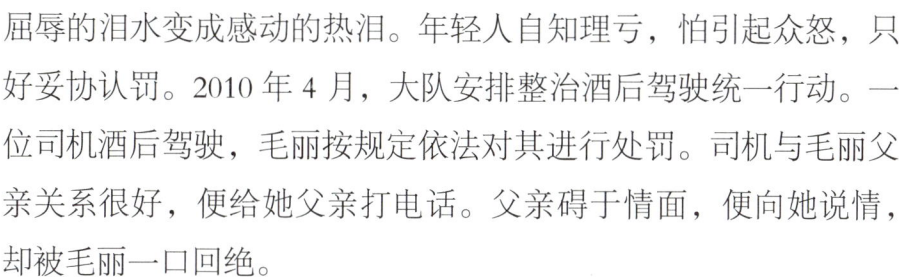

屈辱的泪水变成感动的热泪。年轻人自知理亏,怕引起众怒,只好妥协认罚。2010年4月,大队安排整治酒后驾驶统一行动。一位司机酒后驾驶,毛丽按规定依法对其进行处罚。司机与毛丽父亲关系很好,便给她父亲打电话。父亲碍于情面,便向她说情,却被毛丽一口回绝。

像这样"六亲不认"的事例不知有多少。为了维护交通秩序,为了保护人民的生命财产安全,为了维护法律的尊严,为了社会的公平正义,毛丽甘做"无情人"。

铁骨柔情为人民

在少数人眼里,可能"冷酷"就是她的代名词。在广大人民群众心中,她却是老百姓的守护神和贴心人。2010年冬天,岗区附近,一名4岁小男孩只顾看恒山国际酒店LED电子显示屏上的儿童节目,天黑了也不回家。正在执勤的毛丽看见了就上去询问。原来小男孩家住永安镇张庄村,进城和母亲走散了,不认得回家路了。问清孩子的家庭住址后,毛丽立即给孩子买了汉堡包,并招来出租车出钱把孩子送回了家。2011年10月,毛丽正在执勤,忽然发现一位老大爷闯红灯横穿马路,危险就在眼前,她在第一时间跑过去示意车辆停止让路,并将老大爷带到安全地带。原来老大爷是一位盲人,情况清楚后,她扶着老人从斑马线上走过。此后,每次看见有残疾的行人,她都会主动上前,将他们扶过马路。毛丽始终认为,只有时刻想着群众、将群众当亲人,才能服务好他们,这样社会才会充满阳光!自己才是真正的"阳光警察"!

对人公正、对己清正的组工干部模范代表

——记大同市开发区党工委组织部副部长、团区委书记腾雁

组织工作点多线长面广，潜移默化地培养锻炼了一批讲党性、重品行、作表率的组工干部队伍。大同经济技术开发区党工委组织部副部长、团区委书记滕雁就是其中的模范代表。

围绕中心、突出重点是他的大局观念

如何以组织工作和团建工作推动开发区企业发展，这是滕雁思考最多的问题。创先争优活动以来，入区企业共采纳党组织、团组织和党员、团员青年的合理化建议120余条，开展技术革新项目35项，带来经济效益300余万元，推动了仟源制药公司上市，7家企业扩产重组或搬迁，协调组织企业对外对内捐款达2000万元。仟源制药、普德药业、振东泰盛制药、同达药业、泰瑞建设集团等公司的党、团组织为公司化解矛盾30余件，为职工争取福利待遇达每年100余万元，为党员群众办实事、好事110余件，完成急难险重任务40余项，赢得全区各方好评。

对人公正、对己清正的组工干部模范代表

滕雁（左一）为获得开发区"五四青年"荣誉的同志颁奖

狠抓落实、务求实效是他的工作理念

非公企业党建工作是开发区党建工作的重点和难点，滕雁经常深入企业，反复与企业负责人交心，讲政策、交朋友，协调帮忙解决企业发展中的难题。具体工作中，他与非公工委一道，一手抓组建，夯实党建基础；一手抓提高，推动科学发展。首先，创新机制抓组建。全方位建立共建机制，多种形式提高组建率，大力为企业补充"新鲜血液"。其次，健全制度抓提高。抓好党建顶层设计，严格基础十项制度，协力建设活动阵地，健全服务保障制度。第三，丰富载体抓效果。强化培训提素质，加强交流互促进，以赛为媒上台阶，主题活动唱主角，党群共建同提高。通过多措并举，421 户入区企业和 1342 户个体工商户实现了党的组织和党的工作全覆盖。

在农村基层组织建设中，他经常深入农户、掌握情况，协调街道、农村落实"三级联创""双培双带""四议两公开""一定三

有"等活动和制度。在蔚洲疃村村级组织换届遇到矛盾时,他身为换届办公室主任,连续几天与街道、村干部一道与村民真诚交流谈心,解释换届政策,研究具体的化解问题的措施和办法,协调解决村民反映的各种问题,有效地缓解了群众对组织的积怨与不理解,保证换届圆满完成。

遵守纪律、争做表率是他的做人原则

几年来,他始终坚持"毋意、毋必、毋固、毋我"的自律、自省意识,正确处理党性、原则和人情的关系,在干部工作、组织建设、发展党员工作中,严格遵守政治纪律、模范遵守组织纪律、自觉遵守工作纪律。多年来,经他手提拔调整的干部达200多名、发展的党员150多名,他始终以正常工作视之,没有收受任何人的礼品礼金。

阿拉宾度生物公司党支部一名成员在公司改制工作中遇到一些问题,滕雁帮助其协调公司管理层,为其妥善安排工作,使非公企业基层党务工作者感受到上级党组织的关怀。同达公司的一名党员因车祸受伤,滕雁积极协调公司管理层为其调整工作岗位,使基层党员切实感受到上级党组织的关心与关爱。对于各类扶贫帮困和公益活动,他也都积极组织和参加,尽力捐助。区机关一名干部的家属患重病,他主动策划、带头发动团员青年为其捐款2万元,帮其渡过难关。在"希望工程"工作中,他与大同县许堡村贫困生结对子,资助一名初中生初中三年1500元;拿出4500元资助一名孤儿读完了三年幼师。几年来他还带头无偿献血达3800毫升。

乐观自信铸校魂
创先争优谋发展

——记大同市第十二中学校校长王录

一所办学效益、社会声望相对低下的薄弱学校也能在短短几年时间里取得令人瞩目的教学成绩和社会声誉，大同市十二中学校校长王录就创造了这样的奇迹。

文化领航　再塑校魂

面对学校教学质量滑坡、学生大量流失、社会认可度低的不利局面，在深刻剖析学校各种积弊的基础上，王录上任后树立了"让学生成人、让学生成才、让家长放心、让社会满意"的办学宗旨，创新了"以有效教学为中心，以校园文化建设和精细化管理为重点，办人民满意学校"的办学思路，确定了"以质量求生存，以有为求有位，以差异求发展"的可持续发展战略。

学校开展了一系列校训、校徽、校旗作品的征集评选活动，他亲自安排落实措施，积极动员全员参与，充分发挥全校师生在校园文化建设中的主体作用。活动的开展，不仅点燃了师生的创造热情，更激发了全体师生员工对学校文化观念、价值观念的认

王录（左三）与新老教师亲切交谈

同感，改善了校园风气，提升了老师和学生的精神生活与文化品位。儒雅大气的校门，寓意深刻的校旗、校徽，励志人生的校服设计，饱含着浓郁的文化底蕴；优美整洁的校园，催人奋进的校歌、班歌，色彩斑斓的文化橱窗，如春风化雨滋润着学生的心田。

大刀阔斧　革旧鼎新

2008年9月，在广泛征集教职工意见建议的基础上，他大胆借鉴"扁平化"企业管理思想，启动"五部一处一室"学校内部管理体制改革，改变了过去各部门互相推诿扯皮、人浮于事的局面。各部门分工明确，各司其职，最大限度地发挥了中层领导的管理作用，年级之间形成了协调互动、合作竞争的优良态势，实现了以学生为中心的低重心管理和精细化管理，增强了师生的责任意识。

同时，他又以开展"有效教学"、高效课堂活动为突破口，

开始了提升教学质量的课堂教学改革：积极推行赏识教育，坚持"承认差异、允许失败、无限热爱"原则，采取信任、尊重、激励、理解、宽容的教学方式，让学生在"我是好孩子"的心态中积极、主动地投入学习；组织发动全校开展大听课、大比武教研活动，通过"说课、观课、议课""同课异构，一课多讲""教学改革与创新大赛"等活动，不断改进教学方法，优化教学环节。

多元发展　百花齐放

为让学生树立正确的人生观和价值观，学校开展了一系列德育主题教育活动，创设育人环境，注重学生多元化发展，丰富思想道德教育内涵。王录精心设计了"中华传统文化、国学教育""爱我爸妈，爱我校园，爱我班级，尊我老师""文明礼仪我践行""班旗、班训伴我行"等活动内容，以讨论、演讲、竞赛、现身说法、谈感想、说体会、写征文等各种形式开展丰富多彩的活动，使学生养成了文明礼貌的行为习惯及服务他人、贡献社会的高尚情操，形成了健康的心理和良好的心态。

整修操场，组建田径队、篮球队；成立了电脑、书法兴趣小组及理、化、生物、地理等课外活动小组，广泛开展书画展览、第二课堂等活动；每年定期举办"阳光校园"文体艺术节、元旦联欢晚会，组织学雷锋青年志愿者社区服务、课外社会实践等系列活动。十二中以尊重学生个性、鼓励学生个性化发展为导向，为学生多途径搭建舞台，充分展示了自身的良好形象，赢得了社会赞誉。

为有奉献多豪迈
敢叫御河展新颜

——记大同市园林管理局御河生态林管理处
党支部书记、处长王继芳

"她既有女性的细腻平和,又有男人的果敢坚毅、豪放洒脱,她以火一般的工作热情,在基层岗位上抒写出巾帼不让须眉的亮丽人生。"她就是大同市园林管理局御河生态林管理处党支部书记、处长王继芳。

生态林的建设和发展是大同市委、市政府有史以来投资最多、规模最大的一项城市绿化景观和园林生态工程。如何建设、管理好御河生态林是摆在她面前的一项极为严峻的课题。作为管

王继芳(左三)在御河生态林进行日常检查工作

为有奉献多豪迈 敢叫御河展新颜

理处的处长,从 2002 年 12 月开始,在建设御河园期间,她担任筹备处副处长,负责拆迁、电力、供水和交通四项工作。2004 年 10 月局党组派她接管御河生态林,那时管理处初建,只有 20 多个人,而且当时一切都是从零开始,没有水电气暖,办公室是毛墙毛地,所谓的生态林只是些稀疏的树木。她和她的园工们搞基建,完成了办公楼、监控指挥中心、广播室、管理中心、维修车间、食堂和库房等园区硬件建设,并配置 12 个治安岗亭、5 座坑式垃圾站、5 个监督宣传栏、9 座公厕、5 辆电瓶游览车、2 辆洒水车、1 辆打药车、绿化维修机械等设备,使园区管理配套的硬件设施逐步完备。

从宏观规划到功能设计,从造园建设到组建队伍,从定章建制到人性化服务,无不渗透着她和她的领导班子带领园工开拓创业的智慧和辛勤汗水。从具体生产到每个技术性的环节,她都要反复研究、推敲,得出较为合理、科学的结论。她与同志们战斗在艰苦的第一线,遇到技术难关,她与技工师傅共谋对策,在研究重大政策和排查事故隐患时,她敏锐镇定、准确把握,表现出一个女性决策者少有的细腻周到、勤奋智慧和果敢干练的才能。在景区灯光照明配置上,她通过反复试验,大胆改装了多种耗能较高的灯具,研究改造了不合理灯型结构,实现节能降耗,为国家节约几十万元资金。在服务游客上创办"市民温馨岗亭",为游人提供血压计、雨伞、热水、打气筒、针线包、体重计、电话卡、充电器、止血药、棉棒、残疾人轮椅等,架起与游人之间沟通的桥梁。在土壤改良、树木培育上,她打孔施肥,置换种植土壤,并引进了梓树、枸树、银杏、玉兰、樱花、皂角等稀有树种,引种驯化成为当地可推广树种,使御河生态林成为华北地区

最大的引种驯化、树种丰富的树种科研基地。御河生态林的一景一石、一草一木，无不烙上了她艰辛的足迹。

从整个御河两岸工程规划设计、开工建设到完善管理，她用艰苦创业、科学管理、求真务实、开拓创新精神，把园林管理和企业管理有机地结合起来，逐步走出一条新型的、先进的"经营公园"管理模式，开创了国内公园管理开放化、百姓化、企业化的典范。全新的理念和科学的管理，全面提高了工作效率，从而取得了一定的生态效益、经济效益和社会效益，御河生态林成为市园林局重要的形象"窗口"，得到了极高的赞誉，老百姓有口皆碑；成为华北地区最大的生态景观林，被喻为"塞外江南的园林奇葩"，也成为大同市"十大城市名片"之一。通过她和她所带领团队的不懈努力，2010年12月，御河生态林被山西省住建厅首批命名为"山西省四星级城市公园"，这也是大同市唯一的星级公园。2011年12月，御河生态林管理处又被山西省住建厅评为"省文化建设示范单位"。

感动总是在不经意的一瞬间。她用辛勤的汗水、坚实的脚步、滚烫的热忱震撼了古城大同百姓的心灵，人们亲切地把她称作园林的忠实守护者。为此，她先后被中华全国妇女联合会授予"全国三八红旗手"荣誉称号，被评为"山西省'十一五'实施蓝天碧水工程先进个人"，入选"大同感动2007年人物"等。

耐得辛劳也坦然

——记同煤国电同忻煤矿有限公司综采队队长乔海

初见乔海,谁都不会把他与一个千万吨级综采队队长联系起来。而正是这个看上去"不打眼"的中年人,利用两年的试生产时间,硬是打造了一支享誉同煤、名扬全国的千万吨级综采队。

攻艰克难保安全

安全是生产的最根本保障,没有安全保障,生产就是空谈。他针对工作面矿山压力频繁的实际情况,根据现场观测、分析、研究,提出了顶板来压防范措施、顶板管理方案,为两面开采过程中的顶板管理提供了保障。针对工作面瓦斯大、一氧化碳时有超限,他创造性地提出了从采煤工艺优化上强化矿井有害气体的治理,并通过与矿技术部门的配合,使这一设想成为现实,有害气体得到了有效控制。2011年10月,在首采工作面试生产期间,由于冲击地压影响,工作面2100巷压力大,顶板下沉,底鼓和帮鼓严重。乔海因地制宜、超前防范,采取了多种顶板补强支护方法和提前起底等有效措施,确保了工作面顶板安全。在试生产过程中,乔海坚持"少推多进,吃干榨尽"原则,在放顶煤方法

上不断优化，工作面回采率达到了92.6%，为工作面稳产、高产和提高资源回收率作出了突出的贡献。

强化培训提素质

作为一个在建矿井，员工都是从其他兄弟单位抽调而来，人员素质参差不齐，对工作造成了一定的影响。针对这一情况，乔海从狠抓员工培训入手，提出了"不怕不会、就怕不学，学有成效、学以致用"的口号。他还十分注重员工安全操作技能基础知识的培训，组织各班进行了系统的安全基础知识的学习，通过多种形式的学习，形成了"比学赶帮""优中更优"的浓厚学习氛围。他还要求全队干部认真执行班前会讲五分钟、班后会讲五分钟的"双五"培训制度。在集团公司及矿上组织的例次安全知识抽查考试中，综采队员工合格率均为100%，95%以上员工都达到了考评优秀级。

注重细节强管理

作为全矿唯一一个综采队的队长，乔海肩上的担子并不轻松。为了使管理达到同煤集团和矿党政的要求，乔海率先在工作面使用了红外线激光导向仪，使工作面动态保持"四直两平"；采煤机采高指示器可以在割煤时引导司机保证采高和顶底板平整度；5100巷超前支护，三排支柱各成一条直线，防倒、防坠装置齐全，支柱上贴反光条，有效避免车辆通过时碰触支柱；端头支架伸缩旋转式电缆和管路托架的使用，既保证了管路和电缆的安

耐得辛劳也坦然

乔海在查看
工作面顶板情况

全，又显得整齐美观；在皮带头沿底板砌筑了拦煤泥坝，挖了水煤泥沟，将水煤泥聚集到煤泥坑内，水沿水沟排到盘区辅运巷排水沟内，用泥浆泵将沉积的煤粉抽排到煤流中，既回收了煤粉又保证了皮带巷的清洁卫生。

身先士卒做表率

乔海不仅在业务和管理上精益于精，而且他"拼命三郎"式的工作作风，更是给全队干部员工作出了良好的表率。2010年11月，试生产首采工作面突发大面积一氧化碳超限。在100多天的抢险过程中，乔海没有休息一天，三个多月累计回家没有超过15次。作为队长，乔海虽然在工作上要求非常严格，但在生活上却十分关心员工。该队队员工高峰的母亲身患重病，需要到北京做脑部手术，昂贵的手术费用让高峰犯了难。得知这一情况后，乔海立即组织全队员工为高峰捐款，随后他还将这一情况反映到了矿上，矿党政得知后在全矿发起了捐款号召，在短短5天内就筹集善款8万余元，解了高峰的燃眉之急。

赤子情怀

——记阳泉市平定县东回镇前黄安村党支部书记、村委会主任裴海平

他深深地爱着家乡的父老乡亲,盼望着他们能够早日富裕起来;他深深地眷恋着脚下的土地,希望那里能收获累累硕果;他勤思考、善谋事、实干事,带领全村人走出了一条民富村强、文明和谐的新农村建设之路。

开启致富路

前黄安是一个典型的纯农业村,地处偏远,经济落后,交通不便,水资源匮乏,没有任何矿产资源。2003年2月,身为东回镇政府民政员的裴海平积极响应镇政府提出的机关工作人员下派村级任职的号召,毅然决然回到生他养他的家乡前黄安村,并通过村民选举高票当选了前黄安村村委会主任。

要想富先修路,改变村里交通状况成了裴海平回村后的第一把火。硬化通村路就是铺就致富路,乡亲们明白这个道理,更理解这个年轻人的心意。全村老少齐上阵,沿着河滩砸石子,修路所用的1600立方米石子用了一个星期时间就全部备好了。

裴海平每天泡在工地带头修路,受他的感染,乡亲们纷纷义

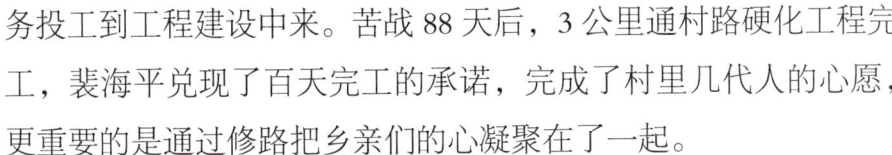

务投工到工程建设中来。苦战88天后，3公里通村路硬化工程完工，裴海平兑现了百天完工的承诺，完成了村里几代人的心愿，更重要的是通过修路把乡亲们的心凝聚在了一起。

铺就富裕路

路修好了，裴海平又在"农"字上做文章。裴海平采取"请进来，走出去"的办法，为党员干部和村民换脑筋、开视野。"请进来"就是邀请各级各部门的领导和专家来村里办培训、搞讲座、宣政策、讲理论；"走出去"则是组织党员干部外出考察学习，学经验、学技术，开阔视野。

种核桃是裴海平为前黄安农业调产落下的第一枚棋子。2003年，全村先试栽了200亩早熟矮化核桃苗，看到树苗长势良好，部分优质品种还早早进入挂果期，于是扩大了核桃种植面积。如今，前黄安村栽植核桃树达2100亩，其中一半已进入挂果期，村民人均拥有核桃林1.6亩。

为了扶持核桃种植业做大做强，裴海平组建起一支8人的技术服务队，对核桃树进行科学管护，每季度对核桃种植户进行一次培训，组织部分村民到河北赞皇、陕西商洛学习种植管理经验。此外，还引导村民栽种桃、杏、梨、枣、苹果、花椒等经济苗木2万余株。2011年，单经济林一项就给全村带来150万元收入。

在扩大种养规模的基础上，裴海平还建起了农产品加工厂，申请注册了"黄安"牌商标，在县城开设了"黄安"农产品经销部。在2009年的中国（太原）农产品交易博览会上，"黄安"

裴海平(右二)在村核桃树基地现场指导

牌核桃荣获"畅销产品奖"称号。2010年10月,"黄安"牌小米和杂粮饼被中国农村专业技术协会评为"优质产品奖"。产品有了知名度,销售有了保障,辐射带动周边40多个村,2010年销售农产品100多万公斤,收益达100余万元。

踏上幸福路

近年来,裴海平带领村民绿化荒山3200亩;新修了3800平方米的文化广场,并安装乒乓球桌、篮球架等各种健身器材;改造兴建了2200平方米的集贸市场。

在美化家园的同时,裴海平努力让乡亲们的文化生活也丰富起来。2007年,村民每户自掏200元、村里补贴200元,安上了有线电视。庙会是前黄安村一年一度的重要民俗活动,除了传统的搭台唱戏,裴海平还请人来放电影,组织开展歌咏比赛、歌舞表演等丰富多彩的文艺活动。火了庙会,"正月"也不能冷清。村党支部鼓励家家户户做花灯,组织成立了50余人的文艺队,购置了服装、锣鼓等用品,沉寂的前黄安村一下子热闹起来。

在服务和奉献中彰显价值

——记阳泉市城区南山路街道北岭社区
党支部书记、居委会主任王秀琳

从事阳泉市城区北岭社区工作11年，她始终以满腔的热忱和真情，立足岗位创先争优，将一个不足10平方米的小居委会打造成享有几十项国家级、省级荣誉的样板社区，成为居民百姓交口称赞的"服务之家"。

一砖一瓦凝心血

2001年7月，王秀琳信心十足来到刚刚组建的北岭社区，但是不足10平方米的办公环境和简陋的办公设施却让她心痛。一些居民也对社区有着诸多不满和怀疑："就这么大点地方还叫社区？能有啥用？最多就是给咱盖个章。"听了居民的话，王秀琳心里顿时有了想法："这不正是社区居民对我们工作的要求吗？有场所才能更好地服务，必须首先解决社区办公场所这一问题。"带着这样的想法，王秀琳很快全身心地投入到了社区建设中。

一没钱、二没地，怎么办？她顶着烈日跑遍了辖区内的每个角落，终于有了合意的地方。然而，新的问题又出现了——这块地方属于三家单位共有，且有协议只能使用不能搞建设。于是，

王秀琳（右四）带领社区居民捐款

她无数次地往返于三家单位之间，在她一片赤诚之心感动下，地址终于有了着落。

紧接着又开始了新一轮的奔波，规划局、设计院、国土局、工程队……挨家挨户地办理各种手续。腿肿了就揉揉，嗓子哑了就去买点药随身带着吃，遇到委屈了就跟爱人说说……为了节省费用，年逾五十的她和社区的姐妹们加班加点。资金不能及时到位，她拿出自己多年的积蓄，甚至把原本准备为儿子结婚用的5万多元垫付了工程款。

就这样，600多平方米的办公室和活动室落成了。居民们由衷地感叹："一个女同志能把社区建设成这样，真不简单！"

一枝一叶总关情

"作为社区工作者，社区群众能幸福生活就是我们最大的工作目标。"王秀琳如是说。

北岭社区旧居民楼多，社区内老年人、残疾人等弱势群体多。为了方便残疾人托养，王秀琳组织建起社区残疾人托养中

心，为社区内的残疾人开展社区康复服务和康复训练。她还组织成立了全市首家"社区养老服务中心"，为社区内493名60岁以上的老年人提供日常生活服务；为80岁以上的老人和生活不能自理的残疾人提供上门理发、洗衣、送餐、购物、聊天、看病、医护等服务，在老人过生日时送寿桃上门祝寿……

有人下岗了需要办理低保的，她跑前跑后帮忙办理手续；有老人生病急需钱了，她就拿出自己的积蓄救急……大学生刘斌刚毕业就得了尿毒症，花光了家里所有的积蓄。王秀琳得知后，积极求助有关单位，发动居民捐款，为刘斌筹到2万余元善款。在解燃眉之急的同时，又多方协调，为他家解决了住房问题，帮孩子联系工作。刘斌感动地说："王姨就是我最亲的家人，社区就是我温暖的家。"

共驻共建聚人心

作为基层党组织的负责人，只有团结凝聚更多的力量才能更好地为群众服务。为此，她大胆创新，率先成立了社区"信访党员接待站"，组织每栋楼党员负责人作为"网络员"，搭建起社区党员联系群众的桥梁。率先成立了社区党建联席会，探索开展党员"设岗定责"活动，开展辖区党员"亮身份、树形象、解民忧、办实事"，充分调动驻区单位和全体党员的积极性，探索出了一条共驻共建的新路子。近几年，在党建联席会的支持下，社区先后为群众调解矛盾纠纷、解决实际问题350多次，为居民带来了实实在在的实惠。

铿锵玫瑰让党旗熠熠生辉

——记山西省公路局阳泉分局勘测设计所党支部书记姚向红

参加工作20余年来,她一直拼搏在公路勘察设计第一线,身兼多职,哪里需要、哪里艰辛,哪里就是她的选择。

抓班子、带队伍,履职尽责

2010年3月,姚向红担任了勘测设计所党支部书记。在设计所底子薄、基础差,没有人力支持、没有经验借鉴、没有道路遵循,一切都是空白的情况下,她这个"门外汉"为了能够快速进入角色,经常利用晚上和节假日加班加点,连她自己都不知道牺牲了多少个人时间。记得有一次她女儿生病了,在电话里委屈地说:"妈妈,我只想让你陪我打一次点滴。"由于工作刚刚理清头绪,她想"趁热打铁",于是忍住眼泪狠心地拒绝了女儿的要求。正因为有了这样的工作态度,设计所党支部工作才能迅速步入正轨。

她牵头组织创先争优活动,把"精细化管理""设计创优"、争创"岗位能手"等贯穿到整个活动之中,同时主持起草了多个党建方面的文件和制度,完善学习考核制度和"一岗双责"制

铿锵玫瑰让党旗熠熠生辉

度,健全民主评议党员制度。在她的带领下,设计所党支部连续两年被授予"优秀基层党支部"称号。

抓学习、重教育,身先士卒

姚向红在深入开展"基层组织建设年"活动和保持党的纯洁性学习教育活动中带头学习,带头做好笔记,从实际工作出发,有针对性地学习管理知识和法律法规,努力使自己成为有知识、懂管理、业务精、能胜任的领导干部。

2011年7月,平定同意煤矿新井公路工程进行外业勘测,她主动请缨去负责该项工程。由于该线路处于崇山峻岭之中,荆棘丛生、举步维艰,她就用斧头开路,脸上、手上和脚上到处是伤口,再加上地处偏远、高温酷暑更给放线工作带来的困难,好几次由于体力不支,她都险些晕倒在工地上,但是为了赶工期,她和其他测量人员互相搀扶,稍作休息后又开始工作。汗水不会白洒,泪水不会白流,在她的带领下,一套套合理可行的方案制订

姚向红(左三)同公路勘测设计人员现场研究设计方案

出台,多次受到专家的好评。她负责设计的"国道 207 线平定至昔阳杜庄段改建工程"荣获了山西省公路局及省建设厅优秀工程勘察设计一等奖。

抓廉政、讲党性,心系群众

姚向红时刻把"中国共产党代表最广大群众的根本利益"作为座右铭。在研究、制订每一项重大决策和方案时,都充分考虑群众切身利益,本着"坚持原则、有情操作"的工作方针,切实解决好困难职工、退休职工、临时用工最关注的问题。她想群众之所想、急群众之所急,为群众排忧解难,为临时用工人员积极争取利益;同时,严格执行帮扶和慰问制度,每逢重阳、中秋等节日都会走访员工,为他们送去祝福;每年年初都会组织员工进行体检,从行动上真正做到关心职工,解决职工的后顾之忧,维护单位的和谐稳定。

她担任支部书记以来深刻理解到,带好队伍,做好工作,自身素质是关键。她经常告诫自己,要正确对待党和人民赋予的权力和荣誉。在工作之余,她组织全所广大党员干部学习相关廉政法规,组织观看廉政警示教育片,在办公区制作廉政公益广告牌,使党员干部树立了正确的权力观、地位观、利益观,形成崇尚廉洁的良好风尚;同时重点开展廉政承诺、专题述廉、民主评廉三项活动,开辟党务、政务公开栏,设立公众意见箱和监督电话,形成了党内监督、行政监督和群众监督相结合的监督机制。通过全方位、多层次开展"三创一打造"活动,全所党组织战斗力进一步增强。

国企改革的弄潮儿

——记阳泉市元承建业工程有限公司党委副书记、经理李彦明

他用 6 年时间使一个濒临倒闭的国企起死回生,用一名共产党员的宽广胸怀和高尚情操,带领职工闯出了一片国企发展的新天地。他就是阳泉市元承建业工程有限公司经理李彦明。

重决策,发展路上迈大步

元承建业工程有限公司前身属于特困企业,人心涣散,名存实亡,生产经营无法正常运行。为了尽快使企业走出困境,经过多次深入市场调研,李彦明确定,必须尽快实现企业转型、结构调整,才能使企业走出困境。于是,经过一系列的减员、分流、调整、改造,元承建业工程有限公司应运而生。2007 年 7 月,他又根据企业运行一年的实际效果和组建后企业自身的生产优势,组建了元承建业房地产开发有限公司,合资成立了具有三级资质的检测试验公司和装潢设计中心。经过一系列的调整和重组,企业由传统的经营模式向多元化发展方向迈出了坚实的步伐,在实施转型跨越、科学发展的征途上找到了具有自身特色的新路子,

旗下各公司逐步形成了较为完整的产业链和一条龙服务。经过 5 年的努力和拼搏，2011 年 7 月企业成功地实现了升级。

严管理，企业就是我的家

创新是企业生存的关键，李彦明大力倡导和积极推广建筑新技术、新工艺。在育才花园住宅小区的施工中，他提出使用 CLF 玻珠、EPS 复合保温砂浆施工工艺，并聘请有关专家到现场进行技术指导，各工种紧密配合，合理安排工序，通过试验后及时推广使用，仅此一项，就为企业节约资金 6 万余元。两年来，企业先后承建了康居苑住宅小区、育才花园住宅小区、甘河硫铁矿棚户区改造等工程，累计完成施工面积达 16 万平方米以上，工程合格率达 100%。甘河硫铁矿棚户区改造工程、康居苑住宅小区等工程分别被评为阳泉市标准化文明工地。为了工程安全和质量优良，李彦明经常住在工地、吃在现场。由于长期的紧张工作与劳累，2010 年 6 月，李彦明左眼底严重出血，经检查必须手术并

李彦明（前排左二）在甘河硫铁矿棚户区改造工程工地现场办公

休养,但他在做完手术的第三天就出现在工地。他以企为家,呕心沥血,忘我工作,受到职工的广泛好评。

保民生,勇当文明排头兵

"开展三城同创、建设宜居家园"是阳泉市委、市政府向全市人民发出的号召,李彦明积极响应,从 2009 年开始,先后投资 45 万元对本单位"桃源新居"职工住宅小区进行美化、亮化、硬化,该小区被市政府授予"绿化达标"小区。

李彦明从提升企业"三个文明"建设、丰富活跃员工业余文体生活入手,投资兴建了乒乓球室,添置多种文艺器材,组织职工开展竞赛,连续三年举办春节文艺联欢会等活动,融洽了党群关系,增强了企业凝聚力。

高温酷暑,他亲手把劳动保护用品发放到职工手中;职工婚丧嫁娶,他亲自到家中看望料理;传统节假日,他又深入走访困难职工和老干部。

心系百姓　造福一方

——记阳泉市经济技术开发区下五渡村党支部书记李银志

李银志几十年如一日，在自己的平凡岗位上兢兢业业、无私奉献，带领村民迈出了下五渡村跨越发展的新步伐。

党建活动凝心聚力

"党建工作要为经济发展保驾护航"，这是李银志作为村里带头人的工作理念。深入学习实践科学发展观活动中，他带领村"两委"搞调研、跑项目，明确了全村的发展思路，为全村经济

李银志（左一）在旧村改造工地进行指导

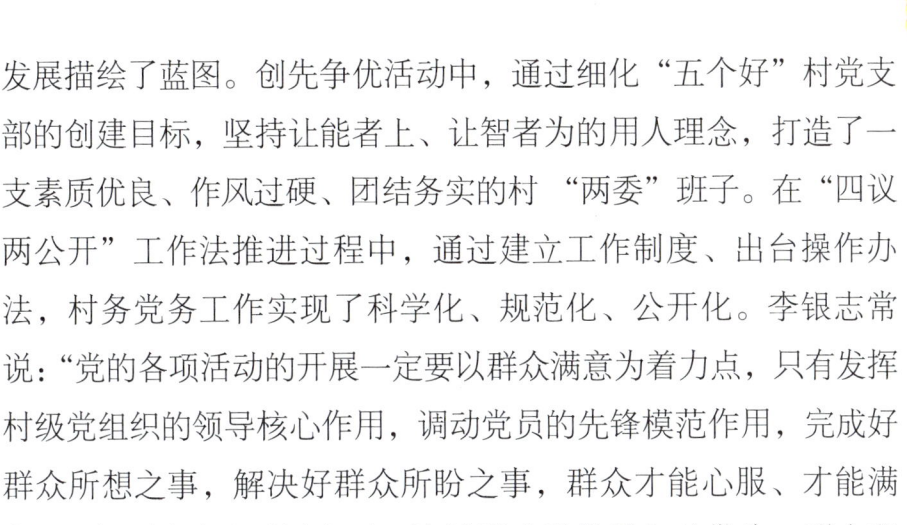

发展描绘了蓝图。创先争优活动中,通过细化"五个好"村党支部的创建目标,坚持让能者上、让智者为的用人理念,打造了一支素质优良、作风过硬、团结务实的村"两委"班子。在"四议两公开"工作法推进过程中,通过建立工作制度、出台操作办法,村务党务工作实现了科学化、规范化、公开化。李银志常说:"党的各项活动的开展一定要以群众满意为着力点,只有发挥村级党组织的领导核心作用,调动党员的先锋模范作用,完成好群众所想之事,解决好群众所盼之事,群众才能心服、才能满意。"党的活动的开展在下五渡村形成了党员主动带头、群众积极参与的浓厚氛围,党建工作和经济工作实现了"双丰收"。

民心工程改变村貌

"改变下五渡村的居住环境,让村民生活得更美好"是李银志的追求。近年来,下五渡村紧抓全市"围绕城市转型、提升城市品位、建设和谐宜居新阳泉"的契机,积极参与阳泉市"三城同创"工作,全面推进旧村改造,建设新的家园。在李银志的带领下,全村加快新农村改造的步伐,修建楼房,全面启动"四公里""五千米"的旧村改造工程,加快红土洼辖区拆迁工作步伐,全面完成新农村改造工程。曾经的下五渡村,村街老巷七零八落、崎岖不平,如今的下五渡村,沐浴着阳光雨露,村道宽敞平坦,高楼林立、车水马龙,在鸟语花香中熠熠生辉,新鲜亮丽。

解决民生幸福村民

为提高村民的生活质量，建设小康社会，李银志带领村"两委"班子，从村民实际出发，切实解决村民的实事难事。针对村里小学校舍陈旧，存在安全隐患的问题，李银志把改造校舍作为为村民办的实事之一。为了配备完善的多媒体教学设施，他多次与市教委、科协等部门协调联系。2011年9月，下五渡村小学、幼儿园喜搬新居。看着宽敞明亮的教室，看着现代化的教学设施，看着村里孩子急切走向学校，村民们对这个当家人充满了感激。2011年下五渡村庆祝建党90周年的活动中，他带领发动党员干部和率先致富的村民，通过送技术、出点子、提建议等方法，解决贫困村民的资金、技术难题，同时动员党员干部积极开展"送温暖、献爱心"活动。

丰富村民文化活动

在实现下五渡村经济发展的同时，李银志把丰富村民文化生活作为另一个重要支点，实现村民精神文化生活的与时俱进。他为村里组建了老年活动室、体育健身活动室、戏曲红歌活动室等，通过组织体育比赛、智力竞赛等文体活动，丰富村民的业余文化生活，提高了村民的文化素养。2011年，村里组织了"庆祝建党90周年红歌赛"，村民踊跃参加，不仅接受了一次党史教育，而且凝聚了人心、鼓舞了干劲。

扫帚做笔写人生

——记长治市城区市容环境卫生管理处
太行清扫公司副经理石丽青

石丽青作为一名普通环卫工人,她以苦为荣、爱岗敬业,以一流的工作业绩履行着环卫工人的神圣职责。6年来,她日复一日地奔波在数万平方米的工作区域上,用脚步丈量了辖区的每条街道。

无怨无悔的选择

2006年11月,由于长治市轴承厂倒闭,风华正茂的石丽青无奈加入了环卫这一特殊的行业,开始与街道清扫、垃圾收运结下不解之缘。刚开始在街上做清扫保洁时,她总是红着脸,把工作帽的帽檐压得很低,低着头默默地作业,担心熟人遇见。亲朋好友也不赞同,劝说:"干什么不好,偏去扫大街?"在以后的实际工作中,她才体会到清扫工作的艰辛和其中的酸甜苦辣:每天早出晚归,风雨无阻,没有星期天,没有节假日;每天与扫帚为伴、与铁锹为友、以大街为家。经常会有市民把生活垃圾倒在已清扫干净的街道上,她上前好言相劝,说这样乱倒垃圾会污染环

石丽青在城东路清洗果皮箱

境卫生,却得不到人们的理解。单位领导、同事及时地关心、帮助、支持她,以实际行动感染她,用"宁愿一人脏,换来万人洁"的行业精神教育她,使石丽青对自己的工作有了清楚的认识:环卫工作虽然脏苦累,却与群众身体健康息息相关,是城市中必不可少的工作;任何工作都需要人去干,只是分工不同,"七十二行,行行出状元"。就这样,石丽青成了一名名副其实的"城市美容师",任劳任怨地工作在环卫战线上。

爱岗敬业做表率

2009年11月,长治市突降一场罕见的暴风雪。为了保证市民的安全出行,在环卫处领导的带领下,1300名环卫工人凌晨2点多就赶赴清雪现场。石丽青作为一名党员干部,始终冲在最前面,每天坚持第一个到岗,傍晚最后一个离岗。累了,就靠在路边的墙角休息一下;饿了,就用冷水配着馒头吃。就这样,连续七八天,长时间超负荷工作,手冻了、脚冻了、脸肿了、感冒

了，她没有退缩，始终参与了整个清雪过程。在她的影响下，所有环卫工人没有怨言、不计报酬，圆满完成了全市的清雪任务。

在创建"全国文明城市"期间，石丽青更是对工作尽职尽责，以"宁脏我一人，换来万家净"的环卫精神为引领，无论酷暑盛夏还是三九严寒，每天从早上4点一直干到晚上10点多，平均每天工作十二三个小时，全力保证市区每条道路没有一片纸屑、绿篱没有一个烟头、建筑物上没有一则小广告、果皮箱一尘不染。遇到水箅上有杂物，她就用手把杂物从又脏又臭的污水中一点一点地抠出来。

真情言传带动人

由于工作上的出色表现，石丽青于2009年元月被提拔为太行清扫公司副经理。作为一名分管清扫的副经理，分管长治市市区东大片，清扫保洁面积达280万平方米，她深感肩上的责任之大。在这几年里，无论天寒地冻，无论刮风下雨，她都一如既往，坚持积极、细致、深入、扎实的工作作风，每天行走的路程有50公里。由她带队扫出来的解放东西街、延安路、紫金东街等路段年年都是样板路。尤其是在贯彻执行"四化型环卫"（环卫制度化、规范化、精细化、长效化）的具体实践中，她身体力行，深入清扫一线，摸清情况，规范工作程序，完善管理制度，狠抓职工思想教育，破解了突出问题。

践行"三字经" 倾力惠民生

——记长治市屯留县委组织部副部长，县人力资源和社会保障局党组书记、局长郭学斌

自担任屯留县人社局党组书记、局长以来，郭学斌始终坚守在访民情、解民难、排民忧、办实事的工作一线，在工作中认真细致，在作风上严谨务实，对待群众满腔热情，真心实意为群众办好事、实事，受到广大干部群众的交口赞誉。

"细"字当头 争创一流

郭学斌最大的特点就是特别细致，在工作上"爱较真"，是全局出了名的"政策通""一口清"。国家、上级的各项法规政策他了然于胸，全县、本系统的各项数据张口即来，同事们无不羡慕他。他却说，只要对工作负责、认真、细致，谁都能练就这一"本领"。

2011年，在招聘县事业单位工作人员工作中，郭学斌对方案拟订、公告发布、现场报名、笔试面试、依绩选岗等每个环节都亲自坐镇、亲自把关。在报名的几天时间里，郭学斌和工作人员一起加班加点、超负荷工作，严格把关，确保了每一名报名者的信息都准确无误。一位前来报考学校教师的同学，填表的年龄和

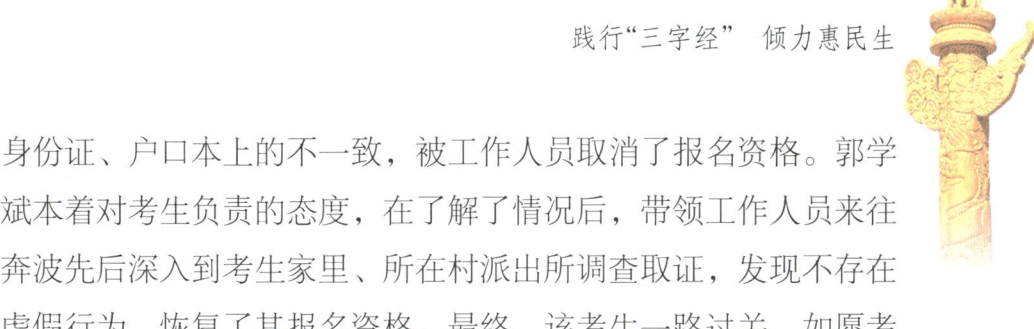

身份证、户口本上的不一致,被工作人员取消了报名资格。郭学斌本着对考生负责的态度,在了解了情况后,带领工作人员来往奔波先后深入到考生家里、所在村派出所调查取证,发现不存在虚假行为,恢复了其报名资格。最终,该考生一路过关,如愿考取了岗位。

以"实"为要 力办实事

2010年,在深入企业和农村调研时,他通过走访和座谈发现,一方面,许多农民工返乡在家无工可做;另一方面,好多企业又因招不到对口的工人而发愁。针对这种情况,郭学斌认真分析,找到了造成这种状况的原因,那就是劳动力与企业所需岗位不相匹配。于是,他带领就业、培训等部门的同志开始了夜以继日的对口培训,并协调近百家企业和用工单位连续3年举办"春风送岗位"招聘活动,解决了60余家企业的用工难题,共新增就业1万余人,培训下岗职工、退伍军人、大中专毕业生、农村劳动力1.5万余人,为14850名农村剩余劳动力解决了就业问题。

郭学斌(左二)在余吾镇东街村一户农家给农民朋友讲解宣传"新农保"政策

原平县民工王俊华在谈起郭学斌为他们讨要工资一事时，总是充满了感激之情。2010年，来自原平县的王俊华等56名民工被欠薪38万余元，多次讨要被拒，连家都回不了，走投无路的王俊华找到了郭学斌。在了解情况后，郭学斌亲自把他们安排到旅馆住下，然后连夜带领监察大队的同志深入到欠薪企业进行执法，第二天就把企业所欠的30余万元工资交到了王俊华等人手里。

"爱"民为本 倾情服务

"人社工作涉及千家万户，要学会看群众的'脸色'工作。群众的'脸色'好看了，就说明我们的工作到位了。"这是郭学斌对人社工作的总的要求，也是他情系群众、倾情为群众服务的具体体现。

在推进农村新"五个全覆盖"工作中，郭学斌带领县人社系统的工作人员发扬"千方百计、千言万语、千辛万苦"的工作精神，主动深入到田间地头、山庄窝铺，现场为老百姓宣传政策、答疑解惑、办理参保手续。在他的努力下，屯留县提前一年实现了城乡居民养老保险全覆盖。2011年9月，在深入河神庙乡西曲村调研宣传时，郭学斌了解到该村村民赵养林一家四口人中就有三口是智障人士，生活困难，没有能力缴费参保时，二话没说，当即拿出200元为其缴纳了保费，并发动在场的农保工作人员为其捐款。拿着钱的赵养林流着热泪感激地说："感谢郭局长和大家为我家解除了后顾之忧，我们一家人将来的养老有依靠了。"

一心为民的好当家

——记长治市长子县碾张乡赵村党支部书记、村委会主任马连金

"没有马连金，我们赵村不可能发展到今天这个样子！"当走进碾张乡赵村时，不仅看到村里的村容村貌发生了翻天覆地的变化，而且处处可以听到该村村民对村党支部书记、村长马连金的交口称赞。

一个人富不算富，大家富才是真正富

马连金有着一个幸福、美满、富裕的家，多年来，因为在高平包煤矿，年纯收入在100万元以上，马连金一家四口人不愁吃不愁穿。2006年4月，马连金面对乡领导的诚挚邀请和村民的热切期盼，将煤矿的股权交给矿务局，自己与妻子毅然搬回了老家，担起了村党支部书记的重任。2008年村委会换届，他又当选村主任。从此，烦心事没少堵过心。这个村原来在全乡可算得上是一个最乱的村，村民打架斗殴不断、上访告状成风，社会治安混乱，基础设施落后，村经济状况拮据，当村干部的多少年领不到工资补贴。马连金下决心要改变这落后的面貌。

马连金(左一)陪同领导检查鑫利源养牛合作社建设情况

对乡亲最好的回报,就是在村里多办实事

赵村村中主街原为一条 3 米多深、200 多米长的大沟,只有一条崎岖小道将村子和外界连通,出行极其不便。马连金召集村"两委"成员商量,自己带头捐款 10 万元,先从修路开始。在他的感召下,全体村民也纷纷捐资,共计集资 21 万元。由于赵村的特殊地势,拆房、拆院填厕所,涉及的家户很多,工程难度很大。工程展开后,马连金经常从早忙到晚,他的妻子为给工程人员做饭经常累得腰酸背痛地说:"连金,为了你当个好干部,我们全家人受累。"而马连金却说:"困难是暂时的,你得帮我,修完路就轻松了。"就这样,经过七八个月苦干,一街三巷 2500 多米实现了柏油路面硬化,4000 多米的排水沟修砌工程全面完工。路直了,路宽了,路平了,马连金修路也把村民的心修顺了。接着他又进一步完善道路两旁的绿化工程,植树 2000 多株、栽植花草灌木 3000 多平方米,一条条干净漂亮的街

巷忽然呈现在了村民面前。

修路的同时,马连金还带领村"两委"新打机井4眼,1眼为全村接通安装了自来水,3眼发展了占地100亩的83座移动大棚和占地150多亩的70多个温室大棚。2012年,主街东侧又投资15万元动工建设了一个文化照壁,作为乡规民约和文化教育宣传长廊,极大地丰富了村民的文化生活。

让村民致富光靠种地不行,必须得上项目

"说实话,我真的很感激马连金,他不是为我安排子女到鑫利源养殖专业合作社上班,就是照顾老人发点钱。昨天,还跑在我家问我发展大棚帮我贷款的事。"村民马宝库逢人就夸马连金。

在马连金的大力支持下,现在村里建大棚的人越来越多,在外做装潢、油漆、服装生意的人越来越多,除了在家照顾老人和孩子的,闲人几乎没有了。

为了带领村民尽快富起来,马连金在村里投资5000余万元,上马建设了一个占地面积100亩、年存栏5000头肉牛的鑫利源养殖专业合作基地。2011年至今,基地已投入2600多万元,存栏肉牛2000多头,安置村中剩余劳力70多人。基地按每公斤1角钱可回收周边秸秆1万多亩,并免费为群众耕地1万多亩。

仅仅三四年时间,赵村盖新房的家户争先恐后,一个贫穷落后的小山村一下子变得富裕漂亮起来。村里先后荣获市县乡先进基层党组织、农业产业化模范集体、新农村建设模范村、新农村建设先进村、"五无十有三联"达标创优先进村、综合考评模范村、红旗党支部等荣誉称号。

"猫路"上的信使

——记长治市壶关县邮政局鹅屋乡乡邮投递员赵月芳

有这样一位农村邮递员,他17年走"猫路",步行肩挑给群众送邮件、捎物品,是第三届全国道德模范提名奖获得者——他的名字叫赵月芳。

环境艰苦,用心投递

太行山大峡谷,蜿蜒百里,山势陡峭。鹅屋乡通向外界的"猫路",就是当地群众在这样的峭壁上依山辟出的一条小径。"猫路"长近10公里,平均宽度不到50厘米,最窄处仅20厘米。每天走这样的路,难度可想而知。

赵月芳每天清晨从鹅屋村出发,就沿这条"猫路"下山,拿到邮件后徒步返回。整个过程不超过三个小时,这样的速度使人惊讶。有人问他其中的奥妙,赵月芳憨厚地笑笑:"我从小就爬上爬下,现在都数不清多少回了,习惯了。"

每年冬天下了大雪之后,是赵月芳奔波邮路最危险的时候。一天早晨,一场大雪将太行山区装扮得银装素裹,赵月芳边欣赏四周这份美丽的景色,边用拐杖探路,一点点地慢慢向下挪着走。

"猫路"上的信使

就在他挪到"猫路"最窄的地方时，拐杖突然探空，失去重心的赵月芳一下就滑了下去，幸亏他一把抓住树枝，才避免摔入深沟。

比恶劣天气更让人担心的是遇到狼。一次，他走累后坐在路边的石头上，吃着自己带的干粮休息，突然发现前方四五十米的地方蹲着一只狼！他脑子里刹那间成一片空白，他就坐在原地看着狼。对峙大约十多分钟之后，那条狼掉头走了。这时，他才发现自己已是一身冷汗，后背全湿透了。

兢兢业业，勤劳朴实

赵月芳每日走"猫路"时，必带两件雨披。山里天气变化无常，刮风下雨是家常便饭，带雨披可以随时包住邮包，保护邮件、报刊不被雨淋湿。

他每天一大早出门，天黑了才能回来，照顾孩子和老人的活儿全都落在了妻子一个人身上。她操持家务、种地、砍柴，每月还要坚持给丈夫做鞋。"山路特费鞋，一般情况下一双鞋十多天

赵月芳在邮递途中

就磨破了。"她迈进婆家门学会做的第一件家务活便是做鞋,在这14年里给丈夫做过多少双鞋,她也记不清了。

"月芳是个好人,他总觉得对我、对孩子付出得不够。当我偶尔发个脾气、牢骚时,他一般不吭声,让我尽情地去数落。其实我知道他是个不善于表达感情的人。每天走三四十公里山路,可他回家第一件事就是往返半个小时去挑水,尽量把一些重体力活干完。"妻子眼里充满了爱意,"希望月芳好好干工作,早日盖个新房子,我们一起好好孝敬老人,让孩子能完成学业。"

心系群众,为民服务

说起赵月芳,鹅屋乡西上庄村老支书张丑亥老人竖起大拇指赞不绝口:"我当村支书已经快40年了,经历了十几个投递员,小赵这娃是最好的!能遭这么多的罪,受这么大的苦,一做就是十几年,在如今的年轻人里太少了。"这个村有村民300多人,80多名年轻人,部分外出读书当兵,剩下的都打工去了。赵月芳便成了大家的"亲人"。他不仅年复一年、日复一日地给乡亲递送邮件,而且还帮助大家捎东西,谁家要下山登记个户口、办个身份证、存个钱、买些生活用品,都会找他,这已成为他邮路上不可缺少的内容。

"要做就要做好,对得起政府和乡亲们!"这一信念支撑着小赵在这条邮路上一走就是17年。17年来,赵月芳行程20多万公里,投递报刊邮件40多万件,报刊流转额由当年的3000元增加到现在的8万多元。从未发生丢失、损毁和积压邮件的现象。赵月芳被当地老百姓称为"'猫路'上的信使"。

把忠诚献给林业
让绿色永驻大山

——记长治市平顺县林业局党组书记、局长杨晓

走进拥有厚重历史文化底蕴的平顺，首先映入眼帘的是群山青翠、绿树成荫，这不禁让人想起了"敬业守责、以林为伴"的平顺县林业局局长杨晓。

身先士卒　永葆党员本色

在老劳模身边成长起来的杨晓，欣然传承劳模精神，坚定"栽活一棵、不愁一坡"的绿化信念，用实际行动诠释了对党的无限忠诚。从事林业工作以来，他几乎走遍了全县的每一座山、每一道梁、每一面坡、每一条沟，对其位置、高度、深度、坡度、土层厚度、适宜树种，都一清二楚。每到施工期，他都坚持与工人同吃、同住、同劳动，实现了每年完成造林7万亩的预定目标。2010年建起北社千亩育苗基地，2011年完成中五井留村千亩经济林生态园建设，2012年启动太行水乡湿地公园建设。

工作上，他一丝不苟，但轮到家里的事，却总是能拖则拖。老家的房子年久失修，濒临倒塌，父母早就计划翻修，却因他工

作忙,拖延了好几年。2010年3月,年过花甲的父亲三番五次捎信、打电话催他回家帮忙,但他总是不能成行。一天晚上,他抽空回了趟老家,到家时父母已经睡下,5间老房子也已全部掀翻,父母临时住在一间耳房里。满心酸楚的他,站在门外犹豫了好久,最后还是决定叫醒父母。母亲打量着他因风吹日晒而成紫铜色的脸,心疼地说:"知道你忙,你爸捎信只是担心你别累坏身子。房子呢,我和你爸也不贪图盖多好,只要结实就行,等你们哪天有时间回来也有个歇脚的地方。明早就回吧,别惦记家里,有我和你爸呢。"第二天一大早,杨晓含泪道别父母,又一头扎进了工作中。

抓好管护　保障林业安全

"三分造,七分管"。杨晓始终把管护作为重点来抓,造林、护林、病虫害防治,每一个环节都亲力亲为。2010年10月,他到偏远的杏城、虹梯关、东寺头等乡村调研,发现部分村干部面对"一旦有火情,如何组织群众、如何快速准确报警"等问题却

杨晓（右一）在虹梯关乡界畔岭村经济林调研

手足无措,便立刻组织相关人员研究落实了五项对策:编写森林防火扑救知识读本,确保防火常识基本普及;搜集整理乡村干部和县森林防火指挥部成员电话通讯录,确保上下沟通方便快捷;启动移动防火短信平台,确保信息畅通;乡村客运车上喷绘护林防火标语,确保宣传到位;村村配备专业护林员,确保队伍健全。各项管护措施和工作责任的全面落实,有效地留住了一座座葱绿的山、一片片翠绿的地,夯实了转型发展的基石。

创新思路　推进转型发展

按照现代林业发展理念,随着集体林权制度改革的逐步到位,杨晓审时度势,大胆创新:一是实行专业造林,共组建有资质的造林公司18个,拥有职工1200余人;二是实行重点工程招、议标制,按合同定责任,质量与工资挂钩;三是集中连片规模治理,造一片成一片绿一片;四是鼓励村集体引导农民个体连片种植经济林,按标准给予补贴;五是将封山禁牧责任列入乡村年度考核。一系列新举措不仅使造林绿化速度加快、质量提高、效益明显,也得到了省、市领导和专家的肯定。

如今,全县森林覆盖率41.6%,林业总产值上亿元,生态绿色和林业特色已成为平顺对外开放的名片。通过培育经济林、林下经济、生态旅游等林业产业,形成了独具特色的林业生态产业链,拓宽了农民增收的渠道,促进了全县经济转型发展。

乡村里的巾帼

——记长治市黎城县停河铺乡西黄须村
党支部书记、村委会主任王培苗

西黄须村,一个名不见经传的小山村,十几年来却成为全县、全市,乃至全省闻名的先进村、示范村,获得了多项荣誉称号。交通部以及省、市、县主要领导多次莅临该村参观调研,是什么因素让该村有如此大的发展变化呢?这就要从该村的"领头雁"王培苗说起。

1998年王培苗被推选为村党支部书记兼村委主任,上任伊始就遇到了一些村民质疑的声音。一些老人认为这个从外村嫁过来的媳妇管本村人不合情理,在村里女人当支书也史无前例,他们保守地持观望态度。面对这些质疑,她决定用行动来证明大家的选择是对的。

当时,西黄须村地理位置偏僻,村民观念落后,又缺少致富门路,账上是一大笔欠款,是全乡有名的穷村。王培苗深深明白"要想富先修路"这个道理,于是,面对资金缺乏的困境,她自己带头出钱出力,并动员村"两委"干部带头出工,说服亲属朋友捐款捐物,挨家挨户说服群众,有钱出钱,无钱出工。自己四处奔波,联系沙石原料,充分发动群众,大家齐心协力铺好了一条沙砾路,极大地方便了老百姓的出行。也就是在这个时候,王

乡村里的巾帼

培苗已暗暗承诺,将来一定为老百姓修一条平坦宽敞的水泥路。

路修好了,就要找致富门路。当时村里有个种菜能手,因为本村道路泥泞不方便销售,就跑到县城边其他村去种菜。王培苗亲自跑到城里劝说,一次不行,两次、三次,这个种菜能手终于回到村里。广大村民在带领下,通过种植蔬菜,终于走上了致富道路。正是由于她的这种百折不挠、真诚无私的品质和任劳任怨、苦干实干的工作态度,才使全村农民户均增收7000多元,基础设施得到改善,大家慢慢地开始接受这个外村媳妇,相信这个农村妇女。但她仍不满足,又有了新的想法和目标。

2001年,全省启动了村村通水泥(油)路工程,王培苗终于可以兑现自己暗许的诺言了。她在全省率先启动了2600米通村水泥(油)路的铺装工程。从工程的规划设计到施工进度、工程质量、资金保障,她边学边干,既当总指挥又当"小民工"。当时水泥供应比较紧张,她主动让丈夫推掉3万元的拉货工作,和她一起凌晨3点到石料厂排队等料,连石料厂的老板都由衷地佩服这个女支书。困难一个接一个,3月的天还冷,刚预制的水泥路怕冻坏,王培苗带领村"两委"干部晚上用塑料布铺盖、保护

王培苗(右二)带领支、村委干部和技术人员深入农户大棚帮助解决实际问题

新铺好的道路,一直到凌晨才能睡觉。就这样,她团结带领广大干部群众仅用20余天时间,便高标准高质量铺就了一条宽4米、长2600米的进村水泥路。这条投资了32万元的水泥路倾注了王培苗无数的汗水和泪水。一分耕耘,一分收获,这条全县、全省第一个铺装的水泥路得到很多人的关注。省、市相继在该村召开现场会,推广宣传西黄须村经验。王培苗也被长治市委、市政府授予"筑路功臣"称号。

由于长期起早贪黑、三餐不定,病魔悄悄缠上了这位身体单薄的中年妇女。但为了改变村民长期饮用水不安全的现状,她同村"两委"班子研究决定打机井。她先后多次请水利专家和技术人员进行实地勘测。久病的身体加上繁忙的工作,使她感到力不从心,但她却隐瞒了病情,默默承受着痛苦,继续和村其他"两委"干部一道,白天在工地积极配合施工,晚上连夜跑长治、太原争取资金。机井刚打到一半时,三次塌方,掉进三个钻头,不仅影响了施工进度,还给村民带来损失。一向坚强的她,眼圈红了,毕竟自己是一个女人啊!可是第二天,她照常发动群众用人力拔出钻头,继续施工。经过三个月的紧张施工,清澈甘甜的自来水喷涌而出。机井打好了,她放心地去做手术了,却不知老母亲已因突发脑出血去世,未能临终尽孝成了她一辈子的遗憾。工程总体竣工后,下了一场大雪,用老百姓最朴实的话说:"老天没在施工时下雪,是我们的女支书感动了上天。"全村群众对这个女支书更加佩服、更加拥护,致富奔小康的信心更大了。大家亲切地称她为"老王"。

潜心学习研究　勇攀科技高峰

——记首钢长治钢铁有限公司炼铁厂总工程师张联兵

在激烈的钢铁市场竞争中，他把握机遇，直面挑战，创新思维，锐意进取，凭责任，用智慧，连创五项国家实用性专利，实现了向知识经济的跨越。

五项专利为企业降本增效

1997年张联兵从山西职业工程技术学院毕业后，来到长钢公司炼铁厂工作。15年来，他立足岗位，在实践工作中刻苦钻研创新，持续开展技术攻关，在高炉喷煤领域取得了多项技术专利，使首钢长钢高炉的喷煤比达到了180公斤/吨铁以上。2006年"高炉全干法布袋除尘技术应用""高炉喷煤单枪改双枪技术应用"获得长治市人民政府科技进步应用一等奖和二等奖。2007年以来，他自主研发的"喷煤专用过滤器"等五项发明均获得国家专利局授予的"实用新型专利"。这些技术的应用，共创经济效益2700余万元。

张联兵（中）与职工探讨喷煤分配器的使用情况

立足本职苦练技能

他爱钻研、爱琢磨工作上的事情，对更换下来的电机、设备都要动手拆开，找出故障的原因才肯罢休。为了提高喷煤比，他上班现场攻关，下班查阅资料，从煤的产地到喷吹性能，再到喷吹系统设备的技术改造，一一用心揣摩。在他和同事们的不懈努力下，制约喷煤生产的一个个难题被攻克，煤比不断攀升，至2007年煤比达到194公斤/吨铁全国最好指标。2012年由于经济炼铁入炉品位由57%以上降到55.2%，高炉煤比虽然有所降低但4月份依然实现了182公斤/吨铁，在全国同行业中名列前茅。

有一段时间，喷煤枪频繁出现堵枪现象，喷煤量减少，为了攻下这门技术，他着魔似的钻研。那段日子，他完全把自己"淹没"在喷煤的"海洋"里。办公桌、床头到处是有关喷煤的书籍，只要有大中小修或突发事故，他都会第一时间出现在现场，不失时机地钻入磨煤机内部，守在给煤机、振动筛旁进行实地观察，掌握第一手数据资料。他盯在一线，对制约生产的瓶颈深入分析，对每项技术改造方案的优化、材料组织、作业过程的控制、作业现场的环境做到了如指掌。他时常工作都在十五六个小时，直到把设备内外结构摸清，再结合书本，把过滤器的性能、结构、原理搞得更透彻，并认真地绘制草图。经过近一年的反复试验，最终研制出了采用金属光洁面密封、过滤网前后增加气体反吹装置和排杂装置、两侧采用法兰固定的、更为科学合理的喷煤专用过滤器。

爱岗敬业献身炉台

在工作中，爱人、女儿对他支持很大，但他觉得对于家庭很愧疚，为了工作他与家人聚少离多，回家就像住旅馆。有一次女儿在学校听说别的同学经常和爸爸妈妈一起出去玩耍时，一回到家就闹着要他带她出去玩，怎么哄都不行，于是他就答应下了班带她到市里玩。而那几天，恰逢新制作的混合器进行试用，等他调试完混合器离开工作现场时，同事们开玩笑说："喂，主任，今天你义务加班，没有按时下班，看来晚上回家没热饭吃了哦！要不去我家，呵呵……"他落寞地笑笑没说话。回到家时，已经是晚上9点多了，当时他想，回家无论妻子、女儿说什么，他都要忍着。但他错了。当一张未洗净煤灰的脸、一双充满红血丝的眼睛出现在门口时，懂事的女儿收起了"问罪"的气势。原本一肚子气的妻子，看见他这个样子，也只剩了心疼，哪里想得起来埋怨什么，心疼替代了心中所有的不满。

用坚守、奉献、责任
诠释共产党员的先进性

——记长治市糖酒副食有限公司党总支书记、董事长韩晋国

韩晋国在跋涉过15年风风雨雨的创业征程，跨入人生第60个年轮时，率领他的团队创造出一番赫赫业绩，使一家危机四伏、积重难返的老国有商业企业，成功完成凤凰涅槃、浴火重生般的二次改制，从而甩掉沉疴，走向崛起，跻身于省市商贸企业先进行列。

坚守，把忠心献给企业

20世纪90年代后期，长治糖酒公司面临重重危机。危难之际，上级的一纸任命将年富力强的韩晋国推上了处于风口浪尖的总经理位置。展现在他面前的不是盛开的鲜花，而是令人愁眉难展的景象：公司劳动纪律涣散，财务混乱，人员素质低下，管理无章可循、漏洞百出。面对这样一个烂摊子，他犹豫过。但想到组织的信任，看到职工投来的期待的目光，他下定决心，毅然决然地带领职工开始了艰难的创业之路，把忠心和热忱献给了自己钟爱的企业和职工。

用坚守、奉献、责任诠释共产党员的先进性

韩晋国（右二）陪同商务局领导在糖酒公司一号店党员活动室检查党建工作

2001年和2003年，他根据上级企业改革先行先试的有关精神，对企业先后进行了两次改制。企业内部对改制也心存疑虑，班子思想不统一，职工守旧不理解，甚至还有上访告状的现象。面对挑战，韩晋国讲话掷地有声：小改小发展，大改大发展，不改难发展。他排除干扰、攻坚克难，充分发挥思想政治工作优势，紧紧依靠全体职工，坚持经济效益和社会效益一起抓，使企业走上了一条全新的发展道路。

奉献，全身心投入事业

2004年，省内酒类市场波澜再起，竞争愈加激烈。这对于韩晋国和他的公司来说，是机遇更是挑战。这种挑战使韩晋国认识到：必须建立企业内部的竞争、激励、约束机制，以达到增加活力，提高效益的目的。他以深化企业人事劳动分配三项制度改革为突破口，在干部中实行了能上能下的聘任制和以效益指标考核为内容的一票否决制，建立起能进能出的用工制度，开展了全员

优化组合工作,推行了"兵选将,将挑兵"的双向选择,把建立能高能低的分配制度作为转换内部经营机制的突破口,推行了效益费用包干办法,上不封顶,下不保底。他跳出了传统的经营思维模式,不再囿于区域性经营的束缚,大踏步地迈出了横向联合的步子。为了让消费者喝上"放心酒",他抢抓机遇,顺势而上,把自主开发新品牌作为一项战略任务来抓,并把汾酒厂部分名优酒在全国、全省的总经销权揽在麾下。

责任,用良心回报社会

韩晋国不但是一名企业的领头人、一位能与职工同甘共苦的好董事长,同时也是一位能为社会公益事业奔走、反映基层群众心声的代言人。他在担任两届区人大代表期间,先后向有关部门提出《关于城区五一路小学急需改扩建校舍的建议》《关于进一步加强社会治安综合治理的建议》以及《食品安全议案》《中小学校舍安全工程议案》等议案建议十多件。2003年"非典"期间,他代表企业向战斗在"抗非"第一线的长治市广大医务工作者和新闻工作者捐献价值1.5万元的商品;2007年5月他与北石槽小学结成帮扶对子,捐款3万元助学;2008年汶川大地震,他一次性交纳特殊党费1万元;2009年敬老节期间,他又向城区有关部门捐款1万元;2001年至今,给长期患病在床、生活困难的职工段红旗捐出款物累计达2万余元。

让青春在奉献中闪光

——记长治市国家税务局机关党委办公室副主任赵刚

15年来,赵刚由一个稚气十足的学生走到了人生的中年。从穿上蓝色制服的那一刻起,他就把自己奉献给了这项崇高的事业。一路走来,他始终牢记为人民服务的宗旨,任劳任怨,无怨无悔,兢兢业业,踏踏实实,在平凡的岗位上默默地奉献着自己的青春。

勤奋学习　锤炼自身素质

1997年,怀揣着对未来的憧憬,赵刚从山西财经学院毕业,分配到了长治市国家税务局,走上了为国聚财的岗位。从那一天起,他就暗暗下了决心,决不辜负祖国的培养和父母亲的期望,踏踏实实干好自己的工作,做一个对社会有用的人。

为了干好本职工作,工作之余,他总是拼命读书学习,他没有忘记长辈的教诲:"干一行就要爱一行,钻一行就要精一行。"靠着勤学苦练、不耻下问,靠着领导的悉心指导和同志们的帮助,他对各项业务都有了深入理解,业务素质突飞猛进。

金税工程推行伊始,系统操作程序繁杂,没有一个简便易

行、容易掌握的模板，操作中很容易出错，而一个细小的失误，也可能影响到关键的指标。看着同志们失误后焦急的表情和委屈的眼神，他坐不住了。那些日子，他每天早出晚归，一头扎进各种资料中，梳理税收政策，琢磨系统运行原理，不停地实践、修正，再实践、再修正，两个多月后，他成功地写出了《金税工程操作规程》，为全市国税系统金税岗位人员的系统操作提供了模版。调任党办工作后，他及时转变角色，坚持把学习党的理论、知识作为第一任务，自行购买和阅读了大量党务书籍，同时积极参加党务学习和社会实践，努力提高党建知识储备和党务工作能力。他发挥自己长期从事业务工作养成的耐心细致、严格规范的优势，积极配合科长狠抓工作落实，他们组织开展的创先争优主题实践活动深入广泛、载体丰富、措施得力、成效明显，得到了上级党委的充分肯定。

任劳任怨　工作无怨无悔

参加工作以来，无论在哪个岗位上，赵刚都兢兢业业、勤奋工作，不怕苦、不怕累。在金税工程上线、二期扩容、核查软件开通的那些日子里，他常常一个人面对几个系统，一干就是一个通宵，加班加点更是常事。数据比对要在征期结束后才可进行，不是星期天就是下班后，他总是默默地来、悄悄地走，不麻烦科里其他同志，也从不向任何人喊累诉苦。从事党务工作后，为了尽快熟悉新的工作，打开局面，需要做大量的工作，他仍然坚持早出晚归，连心爱的体育活动也不得不中断进行。妻子有时嗔怪他是把家当成了旅店，他也一笑了之。2012年元旦，单位组织活

让青春在奉献中闪光

赵刚（右一）在进行税收宣传

动，那些天孩子出水痘高烧不退，需要不停地用酒精擦拭降温。可是作为活动筹办者和主持人，赵刚不顾几夜睡眠不足的疲倦，毅然把孩子交给妻子，回到单位完成了活动，没有向领导提任何困难。有人笑他傻，但他无怨无悔。

以身作则　树立党员形象

工作中，他时刻以模范共产党员的标准严格要求自己，立足本职，甘于奉献，时时处处以身作则，为人处世公道正派。他常常以"共产党人不计个人得失，敢于舍小家为大家"来勉励自己不争名利。担任中层干部以后，在年度评先评优时，他总是积极推荐别的同事，并主动把名额让给老同志或年轻同志，鼓励大家努力工作的积极性，为他们创造更多的机会和平台。无论是从事业务工作还是党务工作，他都积极发挥共产党员的先锋模范作用，对群众反映的问题，能办的积极去办，不能办的也努力做好解释工作，维护大局和稳定，塑造了共产党员的良好形象。

铁骨　丹心　柔肠

——记晋城市泽州县下村镇上村村
党支部书记、村委会主任张晓林

泽州县下村镇上村村党支部书记张晓林从2000年实行村民直选以来，已经干了多年村委会主任，又连续三届以超过95%的得票率被党员群众选举为上村村党支部书记兼村委会主任，算起来，他前前后后已经为上村村的群众服务了20多年。究竟是什么使他在老百姓的心中拥有如此高的威信？

在事关村庄发展的大计上，他有着一副铁骨

2002年，由于国家产业政策限制，盛极一时的小冶炼被彻底取缔，上村村的支柱产业轰然倒塌，村民就业问题摆在了党支部、村委会面前。张晓林经过和一班子人的深思，形成了"培塑支柱产业，发展绿色产业，扶持第三产业"的产业发展思路。他力排众议，建成了全市第一座"318"高炉。"318"不仅解决了160多名村民的就业，也成为村内经济的支柱。在发展绿色农业方面，上村村依托丹凤山成立了绿荫公司，建成百亩优质核桃园区，并把蚕桑生产作为调产、增收的一项重要工作来抓，种植桑园203.4亩，彻底解决了村内45岁以上劳力的就业问题。在发展

三产方面,上村村依托天地王坡煤业公司,支持鼓励村民发展加工、饮食、运输、经商等行业,三产呈现出蓬勃发展的好势头。

在改变村庄面貌的过程中,他有着一颗丹心

在大力发展集体经济的同时,张晓林也在思考着改变村庄面貌。他先从新能源建设入手,投资480多万元建成罐装容量3600立方米的大型煤层气站,使全村550户村民用上了清洁能源,上村村成为全市第一家使用煤层气的村庄。之后的一件件实事办在了村民的心坎里:投资150多万元建成了全镇一流的教学大楼和设备齐全的高标准幼儿园;投资55万元新建了下村卫生院上村分院,并完善了医疗统筹,实现了村民小病不出村、大病有保障;投资200余万元,对村内所有的文物古迹进行了维修;投资800多万元打通环村路,完成了全村大街小巷的硬化工程,并安装路灯100余盏;他针对上村村落后的散乱布局,提出了"节约土地、改造旧村"的构想,并已付诸实施。目前,上村村正在分期分段按预定计划对旧村进行逐步改造。在煤层气接通的那一

张晓林(中)在上村村办企业榕鑫精密铸造有限公司查看生产情况

刻,张晓林那颗丹心激动不已。

在关爱群众生活的行动里,他有着一片柔肠

张晓林面貌威严,但他的一片柔肠却感动着全村的每一个人。多年来,他倾心弘扬传统美德、培塑良风美俗。2003年,上村村13岁的小女孩车志丽不幸身患白血病。车志丽5岁丧母,就在她患病的同一年姐姐也因病去世,父亲因无力支付治病的巨额费用,悄悄背着女儿离开了医院。孱弱的生命一点点耗尽。张晓林得知后,四处奔走,组织为车志丽捐款。在他的呼号下,镇党委、政府和县团委、妇联为车志丽捐款15万元,在长河之源唱响了一曲动人的爱心之歌。他规定凡考入大学的学生由村委补贴5000元,极大地鼓舞了该村学生的求学欲望。为了发展群众性文化体育活动,他投资30多万元购买乐器,组建了一支大型军乐团和2支男子八音会队伍、3支女子八音会队伍、2支秧歌队,逢年过节都要开展丰富多彩的文艺演出,极大地提高了村民的自身素质,丰富了村民的文化生活。

在张晓林的身上,展现着"不甘人后,勇争第一"的泽州精神。2012年6月,他被中共山西省委表彰为"全省创先争优优秀共产党员"。他独特的人格魅力、为民谋福利的赤子情怀,使我们相信,上村村这个古老而文明的村庄在新农村建设的广阔大道上必将焕发出更加动人的光彩。

群雁高飞头雁带

——记晋城市泽州县高都镇泊南村党总支书记田国富

"跟着支部走,致富不用愁;跟着书记干,大伙有钱赚。"这是在泽州县高都镇泊南村流传的一段顺口溜。这句顺口溜,流露出泊南村群众对"领头雁"——村党总支书记田国富的真挚情感。

关爱民生 构建"新天地"

2008年4月,田国富当选为泊南村党总支书记。面对全村近2000口人的殷切期盼,面对千头万绪的工作,他的心里"沉甸甸"的。当时的泊南村,虽然说集体经济比较殷实,但由于村"两委"班子的调整,以及煤炭资源整合,就业压力增大,人心涣散。针对这种情况,他加强班子的团结和统一,认真分析村情,决定从改善村容村貌上着手,凝聚人心、增强信心。他聘请上海同济大学建筑设计院制定了《泊南村实施农村旧村改造总体规划》,将东泊南、西泊南、杨庄、庄上和黑山沟5个自然村的居民集中在一起,建设了17万平方米的"新天地"居住小区。他克服资金短缺、施工难度大等困难,团结带领一班人,投资220万元建成煤层气站,实现了集体供气;投资200余万元完成

田国富查看泊南村蔬菜大棚生长情况

集中供暖设施，实现了水、电、路、暖、煤气、宽带、数字电视整体入室和垃圾处理一体化；2011年，总投资7000多万元完成了12栋住宅楼建设，有260户村民迁入新居；2012年，投资1000多万元新建了5栋住宅楼，年底可完工。

关注民意　建设"采摘园"

面对煤炭资源整合、村办煤矿整合关闭，村民没事可做，人心惶惶的局面，他组织村"两委"、党员、村民代表开展了两个月的大讨论，最后村里决定发展大棚蔬菜。然而，对于面朝黄土背朝天的农民而言，发展现代农业，人人心里都没谱。为了打消村民的顾虑，2010年，他带领党员和群众代表分三批赴山东寿光参观大棚蔬菜种植，增强了村民发展现代农业的信心。他牵头组建了成晔农业发展有限公司，投资1000万元，建起38栋第五代蓄暖日光温室大棚和占地3600平方米的智能恒温育苗、花卉大棚，还和公司一起制定出台了优惠政策：一是每栋大棚基建投资十余万元，承包户只需缴纳8.5万元，余额3年内缴清；二是公司派人负责园区的日常管护；三是棚栽有机蔬菜技术由公司选聘的两名技术人员负责，公司承担技术人员的所有费用；四是公司向承包户无偿提供菜苗；五是公司购买的拖拉机、送菜车、三轮车，随叫随到；六是棚栽有机蔬菜占地补偿费和水电费全免。这种肝胆为民的精神和多项优惠政策的出台，彻底打消了群众的后顾之忧。很快，大棚就被村民全部承包。经过两年的实践，目前，泊南村的蔬菜大棚已经形成了年产蔬菜100万公斤的生产能力，产值450万元，安排劳动力就业150余名。每逢周末和节假日，常有慕名而来的人到农业园区采摘果品蔬菜，成为泊南村一道独特的风景。

关心教育　编织"七彩梦"

"百年大计，教育为本。"他团结带领村干部一班人，跑上跑下，争取工程立项审批，多方筹措资金，改善办学条件，投资500余万元扩建了中心小学。2012年，完成了投资3500余万元新建寄宿制中学的建设任务。在他的主张下，泊南村每年用于教育事业的投资都在200万元左右，每年还对考入重点高中的学生，每生奖励1000元；对考入一本大学的学生，每生奖励2000元；对于家庭困难的农户，村里给予经济资助，决不让一个学生因贫辍学。良好的发展环境，为少年儿童的成长编织着"七彩梦"，也为泊南村的腾飞奠定了人才基础。

民主公开才能真正赢得民心

——记晋城市阳城县凤城镇岳庄村党总支书记梁东亮

16年前，岳庄村债台高筑，村民人心惶惶；16年后，岳庄村成为享誉省内外的富裕村、文明村。这些成绩的取得，离不开团结奋进的好支部，离不开"领头雁"——村党总支书记梁东亮。

近年来，梁东亮带领"两委"班子从农村实际出发，逐步形成了一套科学的选拔管理村干部机制，用梁东亮的话来说主要标志是三个明确：一是明确村干部基本条件，不仅提出要具备"政治素质过硬、办事公道正派、创业带富能力强、组织协调能力强"等基本条件，而且在村干部年轻化方面也作了明确规定，避免了"一茬老人离任，全村工作退步"的现象，始终保持了村班子的朝气和活力。二是明确岗位职责，每年年初，根据分工确定村干部工作目标任务，村党总支与班子成员签订年度目标责任书，并进行公示，同时加强村干部岗位履职考核，使人人有岗位、有担子、有动力。三是明确待遇保障，对在职村干部，根据民主考核结果确定岗位报酬；对年龄偏大、正常离职的村"两委"干部，适当安排村工作任务，享受原待遇。

为了让群众能清楚地知道村里的大事小事，梁东亮坚持推行"四议两公开"的工作方法。2009年，为扩大劳动力就业，村里

民主公开才能真正赢得民心

计划兴建商砼搅拌站，村党总支召集党员和村民代表说明情况，要求大家到联系户座谈走访、发放征求意见卡，收集村民意见向村党总支书面反映。在得到大多数群众赞成的反馈后，经村党总支提议、村"两委"会商议、党员大会审议，最后召开村民代表大会，形成了同意兴建的决议。这样一来，群众心里有了数，对建厂积极支持，一年内太岳商砼搅拌站就建成投产了。村里还通过这种办法，积极招商引资并与全国第二大水泥企业——山东山水集团合作投资10亿元建设了年产150万吨的水泥生产线；兴办了塑编厂等4个村办集体企业；大力支持和帮助村民办起了预制板厂、花卉公司、太岳门业等10个民营企业，新增就业岗位1200个。

农村的财务向来最敏感、群众最关注。为了让群众明白、干部清白，在梁东亮的带领下，岳庄村建立了三项机制。一是企财村管机制。在不改变企业资产所有权、使用权的前提下，取消企业会计，建立村财务结算中心，以厂建账，独立核算。凡没有村"两委"财务主管监督签章，村财务结算中心一律拒报，有效地

梁东亮（左三）和班子成员深入村办企业实地调研

解决了集体财产使用的"两张皮"问题。二是"三堂会审"机制。每月25日,由支、村"两委"干部,企业厂长经理,民主理财组全体成员,代表村"两委"、企业、群众,集体会审村财务和企业财务。对一些有疑虑的财务账目,由村干部、企业负责人和财会人员当面给予解释;对不合理、不合法的收支拒绝入账。三是阳光采购机制。企业在购置固定资产时,必须按照集体议定、"两委"审批、考察预选、"两委"现场监督、公开竞标的程序进行。大到楼房建设,小到技改设备,都要通过公开招标采购。

"没有新农民,就没有新农村。农民既要鼓口袋,更要富脑袋。"梁东亮说。近年来,岳庄村着力推进村民教育,培养了一大批有文化、懂经营、讲文明的新型农民。为保障和改善民生,2004年,村里先后投资1500多万元,兴建了一流标准、设施齐全的幼儿园和老年公寓,村里幼儿均免费入园,60岁以上老人均可免费入住公寓;投资200余万元建起了休闲广场,强化了工业、生活污染治理;植树造林200余亩,铺植草坪5000多平方米,投资800万元进行工业、生活污染治理,成立了专门的环卫队负责环境保洁和垃圾清运,极大地改善了村居环境。

荣誉是对工作的最大肯定。近年来,梁东亮获得了"中华孝亲敬老之星""全省五一劳动奖章""全省农村党风廉政建设工作先进个人标兵""全省创先争优优秀共产党员"等荣誉称号;岳庄村先后荣获"全国先进基层党组织""全国敬老模范村""全省村务公开先进集体""省文明和谐村"等荣誉。

卧薪尝胆跃龙门

——记晋城市阳城县东冶镇蔡节村
党总支书记、村委会主任赵会牛

一名普通的村党支部书记、村委会主任,30年坚守大山,带领村民踏上了共同富裕道路,展现了新时代共产党人的精神风貌。

改革开放前,蔡节村是阳城县出了名的贫困村,1984年,赵会牛当选该村党支部书记,上任后,面对一贫如洗的村情,他带头将自家承包的千亩荒山上交集体,接着党员干部也带头交出了自己经营的矿洞。很快,全村13家个体矿洞一夜之间就全部交给了集体,至此蔡节村有了第一个村办企业。矿洞集体经营后,用两年多时间为村里积累了100多万元资金,这是赵会牛为村里淘到的第一桶金。随着集体实力的提升,他又产生了延伸产业链的想法,准备上冶炼、搞铸造,走产品深加工之路。然而,发展工业最大的瓶颈就是电力不足,于是,他提出利用沁河丰富的水资源建一座水电站,解决用电问题。为此,蔡节村自筹资金200万元,建成了装机容量350千瓦的蔡节村李增坪水电站,不仅满足了本村工农业生产用电,还能够辐射周边3个乡镇70多个自然庄,开创了全省小水电建设的先河。随后,村里紧抓发展机遇,乘势而上,相继建起了4座炼铁高炉,铸造厂、建材厂、养鸡场、石灰厂也陆续投入使用。

2007年，国家产业政策调整，作为蔡节村的支柱产业，冶金铸造、矿洞等企业全部关闭，全村400多名劳力全部下岗失业，村级经济走上了崩溃的边缘。赵会牛审时度势，在危机中寻找生机，重新确立了蔡节经济的发展思路，那就是巩固壮大集体企业、积极创建合资企业、大力发展民营企业。按照这一发展思路，到目前为止，该村企业总数已达到41个，基本形成集体、合资、民营企业三足鼎立的新格局，2011年全村经济总收入达到2.6亿元，农民人均纯收入达到8500元。

蔡节村8个自然庄，都地处大山之中，交通闭塞，环境恶劣，群众祖祖辈辈在这土街土路糊砌房的环境中艰难地生存着。赵会牛找准改善人居环境这个切入点，一步一步永无止境地为这个梦想追求着、规划着、奋斗着。1990年至1997年，共计投资198万元，完成了全村8个自然庄的街道硬化，拆掉旧房36间、畜圈118个、厕所165个，彻底改变了脏乱差局面。2000年至

赵会牛（右四）与村"两委"班子实地调研新农村建设

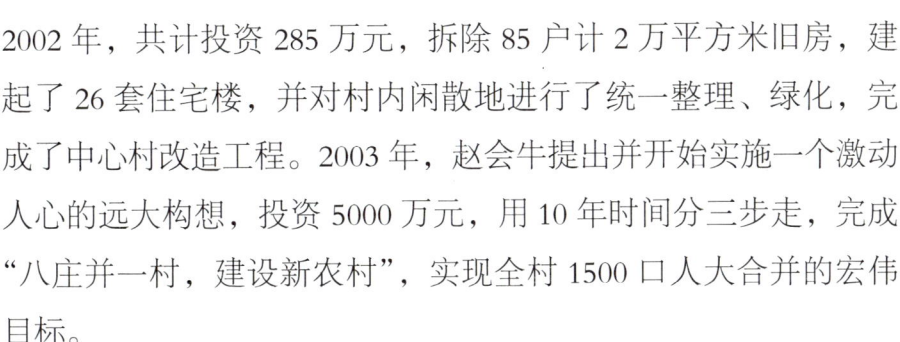

2002年，共计投资285万元，拆除85户计2万平方米旧房，建起了26套住宅楼，并对村内闲散地进行了统一整理、绿化，完成了中心村改造工程。2003年，赵会牛提出并开始实施一个激动人心的远大构想，投资5000万元，用10年时间分三步走，完成"八庄并一村，建设新农村"，实现全村1500口人大合并的宏伟目标。

10年来，他团结带领广大村民，自力更生，艰苦奋斗，围绕移民并村，建设社会主义新农村的目标，已累计完成投资4800万元，先后建起7幢居民住宅楼，安置移民240户、920口人，并修建起寄宿制小学、寄宿制幼儿园、老年公寓、愚公广场、惠泽亭、森林公园、洗浴中心等硬件基础设施工程。全村大街小巷实现了硬化、绿化、美化、亮化，使蔡节村发生了翻天覆地的变化，实现了村民少有所教、壮有所业、老有所养、病有所医、住有所居，生活质量明显提高。

30年来，赵会牛先后荣获"山西省劳动模范""全省创先争优优秀共产党员""晋城市功勋党组织书记"等光荣称号。见过赵会牛的人，都会被他谈笑风生的风度、对事业热情的气度和对蔡节村兴旺发达奉献的力度折服，在转型发展的道路上，赵会牛像一台开足马力的发动机，为蔡节村的发展提供着源源不断的动力。

创先争优擎旗人

——记晋城市陵川县地方税务局党总支书记、局长张雪峰

近两年来，陵川县地方税务局各项工作高效有序运转。追根溯源，人们都说：这是张雪峰科学引领的结果。

赤诚凝聚向心力

在班子建设上，张雪峰始终把"维护班子队伍的和谐、稳定、齐心"放在重要位置。他既充分发扬民主，又善于集中统一，民主生活会上，他坦诚布公，善于纳谏，修正不足，在班子内形成了潜心交流、目标一致、齐心合力的良好风尚。实际工作中，尤其是在"比学习强素质、比技能作贡献、比作风树形象"和"五好""五带头"等活动中，他更是率先垂范、身体力行：要求职工做到的，他首先做到；要求职工不做的，他首先不做。

2011年底，一名老税干患脑梗塞突然住院，急需大额医药费，这对于并不富裕的家庭来说无异于雪上加霜。张雪峰知道后，第一时间赶到医院看望，并想方设法筹措了3万元钱，解了老税干的燃眉之急。

正是这种高度的自觉和满腔的赤诚，潜移默化地感染了大

创先争优擎旗人

张雪峰（右一）在"税收宣传月"活动中走上街头向群众宣传税法知识

家，从而激发了全局税干的使命感、荣誉感和归属感，促使全局各项工作红红火火，成效显著。

文化提领"精气神"

由于长期受思想观念、人员结构等因素影响，陵川县地方税务局在税收文化方面一直处于落后状态。张雪峰到任后，结合实际，提出了"怡心、和人、聚力、增效"的八字理念和"就地取材、内部挖潜、厉行节俭、打造品牌"的基本方略。

他引领制定了干部综合素质提升工作规划，通过教育培训、岗位锻炼、专项训练、氛围营造等办法予以推进。在他的倡导下，局里先后组织开展了公文写作、信息化技能培训及竞赛和"爱地税、爱陵川书画摄影比赛""古陵税坛文化讲堂"等系列活动，创办了《地税文苑》杂志。2011年，晋城市地税系统在陵川开会期间，张雪峰自编自导了一台精彩的文艺晚会，受到高度评价。这些活动的开展，拓宽了广大税干的视野，扩展了大家的兴

趣爱好,丰富了局里的文化生活,有力地提高了税干的综合素质,增强了单位的战斗力和凝聚力。

注重细节强服务

"在执法中服务,在服务中执法。"这是张雪峰真诚关心纳税人,提倡大家换位思考而采取的新举措。

2012年,为增加陵川地方财政收入,张雪峰决定努力助推旅游"一票通"。他在局里多次召开研讨会,研究制订具体工作方案,理出了"相互宣传、相互推介、整体联动、共同受益"的工作思路。目前,该办法收效明显。截至2012年8月底,该县来自旅游业的收入较上年同期翻了一番。在他的引领下,该局相继制定出台了煤炭企业产销量逐日申报制度、建筑业营业税部门联动管理机制、加强地方小税种管理等一系列有效措施,不断提高公共财政预算收入,努力为地方政府增加可用财力。2011年度和2012年前半年,县级一般预算收入达到5987万元和5047万元,分别占税收总额的40%和45%,位居晋城市各地税局之首。

为了最大限度地为纳税人搞好服务,张雪峰反复叮嘱大家,要充分理解纳税人的生活环境、行业特点,不遗余力地做好人性化、个性化、差别化、精细化的纳税服务工作,让纳税人在细微的服务中体味到地税人的真情。两年来,该局共为5户企业税前审批资产损失275万元,为20户福利企业和小微企业减免所得税71万元,为1户企业减免土地使用税2万元,为17名下岗职工减免税费4.5万元;同时,为社会慈善事业捐款3.1万元。

坚守一个朴素的信念

——记晋城市沁水县郑庄镇河头村
党总支书记、村委会主任曹国堂

沁河一曲一弯缓缓流经河头,不仅记录下河头村近年来翻天覆地的变化,也见证了曹国堂带领党员群众顽强拼搏、艰苦创业的历程。15年来,曹国堂始终坚守和践行着一个朴素的信念——让老百姓过上好日子。

"只要心往一处想,劲往一处使,没有过不去的火焰山"

曹国堂年轻时就是村里的"小能人"。受家境所迫,初中毕业就操起了开车的行当,他费尽辛苦,拿驾照、跑贷款、买汽车,日子终于慢慢红火起来。但看到左邻右舍、亲朋好友的生活紧巴巴的,他那种舒坦、富足的日子怎么也过不安稳,于是带领村民致富的想法慢慢萌生了。

1997年,30岁的曹国堂,在村民们期盼的目光中走上了村委主任的岗位,2000年他又一肩挑起了党支部书记和村委主任两副担子。上任伊始,他就组织村"两委"班子深入农户调研、远赴外地考察,确定了"一手抓村务管理,机制推动;一手抓党建工作,凝心聚力"的工作思路。他先从整顿财务着手,提出财务全面公开、季度公开、适时公开、如实公开的"四公开"目标，给了群众明白，还了干部清白。为调动党员干部的工作积极性，他还制定了学习教育、设岗定责、述职考评、奖惩激励等一系列制度，在全县首家实行村干部签到考勤，实现了村务管理由个人安排到机制推动转变。

"必须把调结构、促增收牢牢抓在手上"

早在1990年，河头村就开始发展玉米制种，但技术差、规模小，并没有给村民带来多少收益。曹国堂经过市场考察，觉着这个项目基础好、前景广、潜力大，便决定通过规模化、集约化、市场化，把玉米制种做大做强。

但群众心里却泛起了嘀咕：玉米制种多少年都发展不起来，是不是应该换个路子？曹国堂为了打消村民顾虑，就带头承包土地、扩大规模，牵头成立了晋河玉米制种专业合作社，还主动帮制种户联系技术、沟通市场、解决难题。当时，村民刘文强、张伟东是村里的制种大户，承包了100多亩耕地，可由于连续干旱

曹国堂（中）检查村里的连翘苗木生长情况

玉米无法下种,他就垫资金、找关系,帮忙联系浇水设备,还发动村干部帮助耕种。在他的带动下,村民的积极性被调动起来,目前全村已发展玉米制种3000亩、经济林1800亩,特色种养成了河头村的支柱产业。

之后,曹国堂又带领村民兴村办企:2002年,成功引进第一家企业沁喜水泥厂;2006年,中石油、蓝焰进驻煤层气开发;2008年,成功创办通远农牧、顺丰工贸两个民营企业;2010年,鑫海能源郑庄矿井奠基开工……一个个优势企业落户河头发展,安排就业1000余人,初步形成了以工带农、以工促商的产业格局。2011年,全村人均纯收入达到6960元,较2000年翻了三番。

"让广大群众得到实惠,享受新农村建设成果"

经济发展有了起色,但村民的生活条件和精神状态并没有得到根本改观。曹国堂下决心要让村民真正过上城镇人的生活,享受新农村建设的成果。几年来,曹国堂带领村民投身公益基础建设,先后实施了扶贫移民、清洁气化、村庄硬化、便民文化等一批公益项目,提升了村民的生活质量。

对生活困难群众,曹国堂更是牢记在心。村民杨保奎身体残疾,家庭境况惨淡,曹国堂主动把他作为自己的联系户,除在生产生活上给予经常性帮助外,还资助其儿女完成了学业。老党员刘安国年迈,儿子因智障离婚,留有两个孙女需要抚养,曹国堂就主动关心,帮助他渡过了一个个难关。

树起群众心中的丰碑

——记朔州市朔城区神头街道司马泊村党支部书记刘大春

一位洋溢着诗人气质的农村干部,凭借着对信仰的执著追求和对农村的深厚感情,历经风风雨雨,把一个昔日矛盾重重、发展缓慢的农村带上了文明富裕的康庄大道,用智慧和真诚在群众心中树起了一座不朽的丰碑。

平凡的岗位　默默的奉献

1982年刘大春从部队复员回村后,先后在电建等企业做过临时工,后担任村会计,无论走到哪里,他都任劳任怨、扎实工作。司马泊村背靠当时全国最大的火力发电厂——神头电厂,兼有一家啤酒厂,各种占地款、补偿款和打工就业上的倾斜照顾,使该村成为远近闻名、令人羡慕的富裕村,村集体经济实力雄厚,农民生活殷实,在20世纪80年代曾盛极一时。但随着城镇化的快速推进和全市经济的迅速发展,一大批新富起来的农村后来居上,昔日众所仰慕的司马泊村已风光不再,村民开始由顿感失落发展到心生不满,再加上常年积累的家族矛盾,村里一时纷纷扰扰、人心涣散。新的时代催生了新的期待,新的困惑也孕育

树起群众心中的丰碑

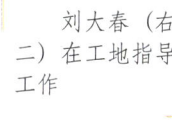

刘大春（右二）在工地指导工作

了新的机遇。2007年9月，街道办事处党委在广泛征求群众意见、充分发扬党内民主的基础上，决定任命刘大春为党支部书记。

如何才能不负组织的重托和群众的期盼，多年参与村务工作的刘大春深刻意识到，人心齐泰山移，没有人心的凝聚，发展根本无从谈起，凝聚人心必须依靠党的组织和党员队伍，所以他先从党组织自身抓起，探索形成一个通过党员的模范带头作用推动干部群众精神面貌转变、进而谋求二次创业的思路。这就是"五上工作法"，即党员上阵、制度上墙、决策上会、服务上门、好事上榜，这一思路和做法在实践中取得了较好的效果，为司马泊村的发展注入了新的活力。2008年村"两委"换届，刘大春顺利当选村党支部书记兼村委会主任，从此开始了他新的征程。

生动的实践　丰硕的成果

特殊的地理位置、独特的自然禀赋，深厚的群众基础、广博

的人脉资源，为刘大春报效桑梓、得偿所愿提供了广阔的舞台。上任以来，他一手抓发展、抓就业，一手抓公益、抓文化。响亮提出"文化名村、旅游富村"的口号，争取和筹集资金1200万元，规划和建设了神海湿地景区，将水域面积由原来的不足300亩扩大到现在的500多亩，配套完善了环湖大道、金龙桥、金龙桥护坡围堰等基础设施；修复了村文化古庙，硬化村街巷十多公里，完成了神头街道友谊路的拆迁改造工程；组建了村劳务输出公司、运输公司和神海湿地开发公司，解决了本村200多名剩余劳动力的就业问题；改造维修了占地1.16万平方米的农村寄宿制小学，投资6万多元新建了村幼儿园，在村中心修建了1200平方米的文化活动广场；等等。短短5年多时间，司马泊村一跃成为全市闻名的富裕村、文明村，先后被评为省级文明村、市级道德模范村。

爱民的情怀　坚强的后盾

刘大春非常关心村民生活，每年中秋、春节两节都为村民发放粮、油、面等各种福利，在全区率先为全村65岁以上老年人按每人每月30元发放生活补助，为60岁以上的老年人办理了老年优待证，逢年过节对"五保户"和困难户进行专门慰问和救助。对于那些家境贫寒和深陷困境的群众，刘大春总是力所能及、千方百计地帮助他们渡过难关。2008年10月，他帮助一名施工过程中不幸坠楼身亡的村民家属讨回公道，获赔20多万元。

咱是共产党员，党交给的工作就一定要干好

——记朔州市平鲁区住房保障和城乡建设管理局
党总支书记、局长贾丕福

从一名普通煤矿职工，成长为全区中层领导干部的骨干力量。有人说，他是一名幸运儿。然而，幸运的背后，是他近30年如一日脚踏实地、认真细致的工作作风，永不满足、力争上游的工作态度，大胆开拓、敢于创新的工作魄力和真诚待人、严于律己的人格魅力。

干一行爱一行，行行争当急先锋

"踏踏实实做好每一件事。"这是贾丕福常说的一句话。一句朴实的话语，折射出的是他对待工作、对待人生的态度和高度。近30年来，他正是以这句话为准则，在多个工作岗位上一步一个脚印走下去。从入党的那天起，他就立下了"咱是共产党员，党交给的工作就一定要干好"的人生誓言，为他瑰丽的人生扎下了坚实的信仰之根。在担任区工程监控室主任两年多的时间里，他服务重点项目、重点工程100多项，累计预决算各类工程资金18亿元，为区政府节约资金2.6亿元。在担任白堂乡党委书记的

朔州市平鲁区住房保障和城乡建设管理局党总支书记、局长贾丕福

两年多时间里,他风里来雨里去,为协调露天矿征地、高速公路建设、农村危房改造等工作作出巨大贡献。2011年12月,在担任区住建局局长后,他便给自己定下了工作守则:困难面前"硬"一点,工作面前"抢"一点,群众面前"矮"一点,权力面前"慎"一点。

把群众放在心中最高位置

"干部就是为群众服务的,群众不听你咋说,而是看你咋做,看你做出了什么结果。"这是贾丕福近30年工作实践总结出来的一句话。担任乡镇党委书记期间,他把为群众办实事作为第一要务,顺利完成了9个重点工程占地村、220多户的移民搬迁工作,没有发生一起上访事件,做到了上级满意、群众满意。

刚到白堂乡工作时,有人反映该乡存在低保不公的现象,得知这一情况后,他立即组织精干队伍对全乡低保户进行了重新审核,坚持公开、公平、公正的原则,从最穷的户评起,不够低保户条件的一律取消。白堂乡过去有一些老上访户，这成了乡里最头疼的事。贾丕福上任后，一改以往"严防死盯"的办法，主动深入这些老上访户家中了解情况，耐心细致地做思想工作，把党和政府的关心主动送给他们。他来乡里的第二年开春，给这几户买了山药、胡麻等籽种，买了化肥，帮助他们恢复正常的生产生活，并定期去看望他们，和他们谈心。在他的教育和关照下，这些上访户再没上访过一次。群众称赞他是"谋发展、敢干事、富百姓"的实干家、知心人。

"5＋2、白＋黑"的拼命局长

贾丕福担任平鲁区住建局局长时，正值全区城市建设攻坚之时。为了做好城市建设这篇大文章，上任伊始，他便带领单位骨干深入大街小巷、市政企业、街道社区开展调查研究，并先后赴高平、孝义、侯马等地参观学习。同时他还从百忙之中挤出时间阅读了大量关于城市建设、规划方面的书籍，提出了城市"规划、建设、管理的大跨越、大建设、大提升"的工作思路，带领全体城建人员打响了城市建设攻坚战。他常常奋战在工作第一线，白天时间不够晚上补，工作日时间不够休息日补。经过精心准备，井西小区、北坪搬迁小区等50多项工程的规划、设计、征地等工作扎实铺开，涉及投资30多亿元。特别是北坪善学小区，总建筑面积53万余平方米，投资约12亿元，创下了平鲁自新中国成立以来单项住宅工程投资最大、建筑面积最大等多项纪录，成为真正意义上的民心工程、幸福工程。

转型"白色产业"的擎旗人

——记山西古城乳业集团有限公司党总支书记、董事长郭俊

一位30多年来扎根基层、靠党的富民政策富起来的农民企业家,致富后不忘党和政府的培育,积极推进企业的结构调整和经济转型、强企富民,使古城集团公司呈现出健康、快速、可持续发展的良好局面,在"兴一个产业、富一方百姓"方面作出了突出的贡献。

为民分忧　毅然转型

由于受2008年三聚氰胺事件和2009年国际金融危机的影响,山西古城乳业集团这个拥有员工1200多人、受益农民10万户,跻身全国十大乳制品集团公司行列的企业,面临市场萎缩、资金短缺的困境,举步维艰、两易其主,政府和社会担忧,奶农和员工忧心。他看到奶农倒奶时愁眉苦脸、卖牛时泪眼洗面,听着奶农和职工对公司拖欠奶款和工资的诉说,心情十分复杂,一种强烈的责任感和使命感在他心中油然而生。经过反复琢磨,为了保住古城这个品牌,为了父老乡亲能过上好日子,他决定把准备投资煤矿的资金全部注入古城集团。

转型"白色产业"的擎旗人

凝心聚力　负重前行

2010年2月,以郭俊为首的管理团队接管了古城集团公司后,通过请专家、到分场、下车间、入农户,破解制约古城发展的难题。他认为古城之所以短时间内几易其主,根本原因在于弱化了党组织的作用,轻视了党员骨干的作用,涣散了人心。于是他把党组织建设与企业发展有机地结合起来,着力从管理团队和党员队伍抓起,强基础、提素质、抓规范,把公司善于创业、职工信任的能人带进了党总支、党支部和中层领导班子,广泛开展党员和职工"创先争优、星级评比"活动,极大地增强了团队的凝聚力和战斗力。2010年,他千方百计筹措资金,从家里、向朋友以个人的名义筹资8000多万元结清了拖欠奶农的奶款,清偿了原辅材料借款,归还了银行的应付本息,解了企业的燃眉之急,为企业的后续发展奠定了坚实的基础。

郭俊在办公室看文件资料

顽强拼搏　跨越发展

他从规范业务流程、健全日常管理制度入手，完善了科学决策机制，制定了科研开发计划，从大处着眼、小处着手，公开了各项承诺，主动接受监督，确保了公司运作科学化、规范化、制度化，赢得了广大奶农、经销商、供应商的理解和支持。公司目前已发展成为一个下设5个乳品加工厂和2个奶牛养殖示范场，拥有3条系列奶粉生产线、33条超高温灭菌奶无菌灌装生产线，日处理鲜奶1500吨，年设计系列乳制品生产30万吨，集奶牛养殖示范、乳制品加工业为一体的山西省最大的乳制品加工企业。2012年1至8月份，集团公司营业收入3.24亿元，利税突破3000万元大关，支付奶农奶款2.2亿元，实现了历史性的跨越。

富而思源　回报社会

为了方便职工、奶农和党组织的联系，他提出建立"联系卡"制度，确定公司每位党员联系一个重点家庭，实行零距离服务，让职工和奶农时时处处都能感受到党组织的温暖。为了改善职工和奶农的生活环境，他通过多种途径提高职工的福利待遇，改建了职工餐厅，建起了职工书屋、娱乐活动室、职工运动场，千方百计增加牛奶价格，先后投资80万元参与周边农村和联系点农村的新农村建设和村容村貌整治工作。2011年以来，他主动为牛桂珍等9名困难职工、奶农的子女资助学费10万元，使孩子们顺利地上了大学，让职工更安心地在企业工作、奶农更安心养牛。

为了人民满意

——记朔州市怀仁县云中镇党委书记边彦明

他是一个拥有20年党龄的普通党员。面对工作，他勤奋努力扎实苦干；面对困难，他攻坚破难敢于挑战；面对群众，他心系百姓一心为民；面对生活，他坚持学习乐于奉献。他用最朴实平凡的行动诠释了共产党员的精神品格，树立了共产党员的光辉形象。他就是怀仁县云中镇党委书记边彦明。

勤政爱民保纯洁

边彦明1990年8月参加工作，1992年7月加入中国共产党，先后任乡镇办公室干事、副乡长、副书记、镇长、党委书记。参加工作以来，他始终坚持"打铁首先本身硬""身教重于言教"的理念，时时处处讲党性、重品行、作表率、树形象，以一个优秀共产党员、领导干部的标准严格要求自己。该自己办的事情，绝对不让其他同志代劳；属于职责范围内的事情，更不让副职承担。单位制定的规章制度，他总是第一个带头执行。特别是任镇党委书记一职以来，几乎每天晚上他都要工作到晚上10点左右，第二天仍然精神抖擞。面对来访群众，他没有丝毫的官架子，而

是处处以农民的儿子自居,自觉践行着为人民服务的宗旨。在他的表率作用下,全镇上下形成了"学理论、提素质、增本领、干实事"的良好风气。

创新思路谋发展

边彦明常说:"发展是个硬道理,富民才算真本事。"他所在的云中镇是怀仁县委、县政府所在地,针对辖区面积广、人口多、经济基础差异大的实际,他深入调研、反复论证,创造性地提出"工业强镇、商贸活镇、农业兴镇、生态立镇"的工作思路,实施了"招商引资、园区带动、生态立镇"三大战略,有效地促进了全镇经济发展。2011年,全镇农村经济总收入达到21.68亿元,农民人均纯收入达到9100元,云中镇也被朔州市评为"农民收入最高的乡镇"。群众一致称赞他是"创新路、谋发展、活经济、富百姓"的实干家。

边彦明(左)慰问困难党员

为了人民满意

和谐搬迁顺民心

边彦明经常说的一句话是:"领导干部就是为群众服务的,群众不听你咋说,而是看你咋做,看你做出了什么结果。"云中镇王卞庄村地处县城西端,附近煤矿连年采掘,导致该村地表塌陷、地下水干涸、耕地破坏等,村民正常的生活受到了严重影响。为切实改善山区人民的人居环境,让百姓安居乐业,边彦明提出了实施移民工程的工作计划,他多次深入王卞庄村,挨家挨户做村民的思想工作。在他的努力下,全村90%以上的村民都同意了移民搬迁工程,仅用不到4个月的时间就顺利实现了和谐搬迁。为了让村里的"五保户"在搬迁到新农村后能安享晚年,他又积极向上级民政部门申请在移民新村新建了养老院。

边彦明勤政为民的工作作风得到了全镇17万多人民群众的广泛好评,被誉为"人民满意的好书记"。而他却把群众的称赞当作动力,把群众满意当作目标,始终迈着坚实的步伐,为了云中镇更加美好的明天,向着太阳奔去。

福利院的阳光使者

——记忻州市忻府区新建路街道办事处
民政助理员、老年福利服务中心主任张娟利

在老年化问题日益突出的今天，如何使老人们在晚年过上有尊严、有质量的生活，已经成为一个社会问题。张娟利，忻府区新建路街道办事处民政助理员、老年福利服务中心主任，10年如一日，把自己的全部心血和财力都奉献给了老年事业。10年来，数以千计的老人在她的关怀下，拥有了一个温暖、幸福的晚年。

我就是您的闺女

福利院的老人经历不同、背景不同，但来到福利院的目的只有一个，那就是安度晚年。在张娟利看来，她能为他们做的事也只有一件：那就是在他们跟前尽好孝道，帮他们走好这人生的最后一程。她与十几个护理员都亲切地称呼这些老人为"爷爷奶奶""叔叔阿姨"。他们像对待自己的亲人一样照料这些老人的生活起居，老人们快乐了、舒服了，就是对他们最好的回报。

2008年，中心入住了一位名叫张富兰的老人。刚来时，老人患有严重的肾病，医生认定老人的病不会有好转了，老人情绪消极。张娟利对老人说："张妈妈，我就是您的闺女，您就安心住着

福利院的阳光使者

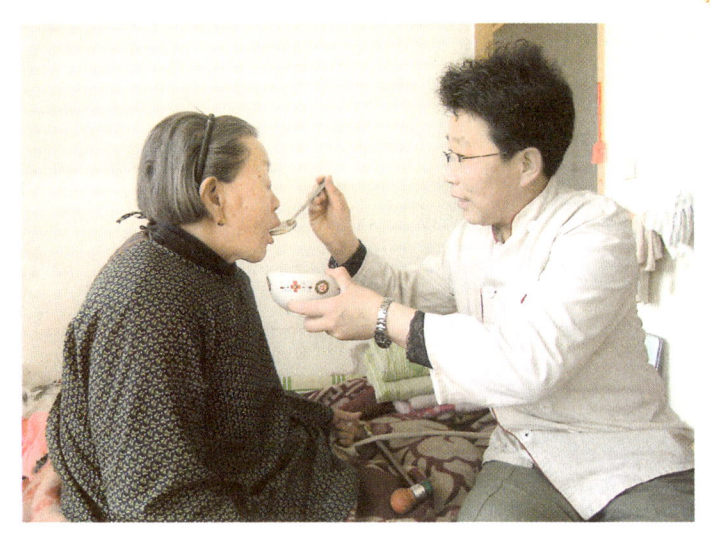

张娟利（右）悉心照料老人

吧，有我服侍您呢。"为了延长老人生命，张娟利打电话到北京、长沙等地咨询医生，还从互联网上查询了有关防治肾衰竭的措施，由此摸索出一套照顾肾炎病人的科学方法。她每日早晚两次为老人量血压，还特地买回一只奶羊让老人每天喝羊奶。本地没有促红细胞生长素，她就四处托人从外地捎回来，还通过各种渠道找寻治疗肾炎的偏方。为了让老人吃上低蛋白质食物，她每天安排炊事员为老人用南瓜作辅食，每月还要带着老人检查一次身体。为了让老人开心，她给老人买衣服、送礼物、组织生日宴会……几年来，张娟利为老人熬过的中药渣能装好几麻袋。最近一次体检中，大夫们惊讶地发现，张富兰老人的肾病竟然好了，身体健康状况良好。张富兰老人激动地说："俺这辈子遭了许多苦，没想到晚年却遇上了这个好闺女呀。"

只要老人开心就好

在福利中心，腿脚灵便的老人一般住在低层，因为紧挨着娱

乐室,可以随时打开电视看看节目,心情好时,还可以摸上几圈麻将,或者打上几把扑克;不爱玩的,便坐在一旁的健身器材上,一边锻炼,一边翻报纸,空气里都是温和的味道。一些行动不便的老人则住得高点,由专人负责照料陪护。老人们在享受眼前的安逸时,有时会突然想起自己的"身后事",这时便会叫来娟利,帮忙"谋划""安排",逢此,张娟利总是说"这么硬朗的身子,早着哩,只管你开心就好"。

福利院的一日三餐营养丰富、搭配合理,而且午餐天天不重样。有老人过生日,她要亲自下厨给老人包饺子、做长寿面。每天,她与护理员一起为行动不便的老人擦洗身子、喂水喂饭,极尽孝道。逢过春节、元旦、重阳节,她还专门为老人组织运动会、联欢会,每到这时,老人们常会像孩子一样开心。

在忻州,"临终关怀"还是一个新鲜的话题,但中心早已开设了"临终关怀"项目。张娟利始终认为,将老人们的生活照料好还远远不够,她始终坚持的理念就是,要给这些风烛残年的老人以心理上和精神上的安慰,让他们舒缓安详地离开这个世界。10年来,中心已经"送走"241位老人,由她亲自打理入殓的就有173位,每到这个时候,她一定要亲力亲为。在老人们需要住院抢救的时候,她再忙也要在第一时间把老人们送到医院,有时候来不及叫车,她就背着老人去医院。

在张娟利的努力下,福利院受到了社会各界爱心人士的广泛关注,而福利院老人们的幸福生活也成了很多人津津乐道的话题。如今,每到周末,城里的离退休老人们也会不约而同地来与福利中心的老朋友一起在菜园荷锄、花坛赏花、唱唱小曲、扭扭秧歌,聊聊家长里短、国事家事,其乐陶陶。

她为党旗添光彩

——记忻州市原平市财政局乡财中心主任、工会主席弓平峰

弓平峰在原平市财政局平凡的工作岗位上，用自己不懈的努力、执著的追求，为党旗添光彩，为人民做奉献，以实际行动践行着共产党员的神圣职责。

立足本职，无私奉献

参加工作 30 多年来，她立足于本职工作，以共产党员的本色，践行着"三个代表"重要思想，认真落实科学发展观，任劳任怨、恪尽职守，以严谨的工作态度和忠诚的敬业精神，在平凡的工作岗位上默默地奉献着。她用自己的实际行动，体现了一名财政工作者的忘我投入。她所担负的工作，一直走在全局前列。她的身后，留下的是坚实厚重的脚印，竖起的是共产党员高高的标杆。她，就是原平市财政局乡财中心主任、工会主席弓平峰。

牢记宗旨，履职尽责

创先争优活动开展以来，弓平峰自觉加强理论知识和业务知

识的学习,写心得,谈体会,主动接受群众的批评建议。她牢记全心全意为人民服务的宗旨,以一个共产党员的标准严格要求自己,以高度的事业心和责任做好本职工作,综合业务素质和工作能力有了明显提高。

担任会计工作20多年,弓平峰对工作始终勤勤恳恳、兢兢业业,自觉发挥党员的表率作用。节假日经常放弃休息时间,加班加点,特别是每年年终结账时,更是夜以继日、废寝忘食,但她毫无怨言。她说:"这是我的工作,谁放到这个位子上都会这样做。"2011年年底搞决算时,她感冒发烧,咳嗽不停,喉咙发干,咽不下饭。同志们劝她休息,她执意不肯,只是说:"时间不等人,我还有很多工作要做,怎能休息?"就这样,她硬是打着吊瓶坚持在工作岗位上,一直将年底结算任务按时圆满完成。在她的努力下,及时圆满完成了第二轮村级组织活动场所建设所需的947.5万元建设资金的拨付任务,确保了工程按期、高质量完成。

走上原平市财政局工会主席岗位后,弓平峰更是潜心学习业务知识,很快成为一名称职的工会干部。她把职工的健康温暖牢牢记在心上,每逢重大节日和职工家中的红白喜事,还有职工生

弓平峰(中)深入一线对报账票据进行严格审核

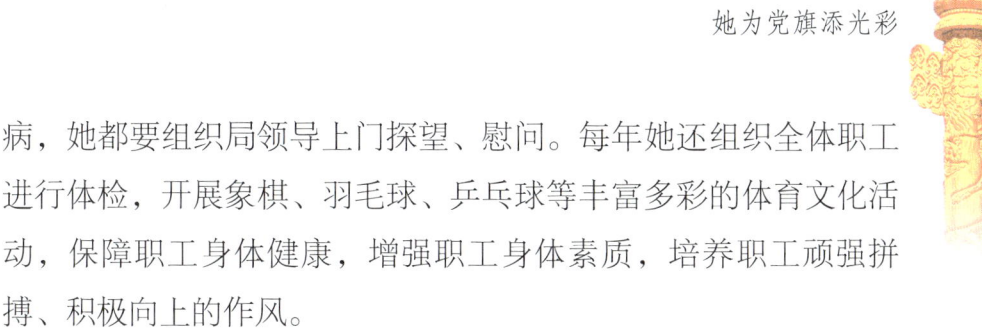

病,她都要组织局领导上门探望、慰问。每年她还组织全体职工进行体检,开展象棋、羽毛球、乒乓球等丰富多彩的体育文化活动,保障职工身体健康,增强职工身体素质,培养职工顽强拼搏、积极向上的作风。

勇斗歹徒,方显本色

有一次,弓平峰在银行提款时,突遇歹徒抢劫,她临危不惧,与歹徒奋勇搏斗十多分钟,保住了4万元现金,没有使国家的财产受到损失。生死关头豁得出,她以实际行动彰显了一名共产党员的坚强党性,折射出一个财政干部的高尚品格。弓平峰勇斗歹徒,并不是逞一时之勇,而是因为在她身上流淌着高贵的道德血液。有一次,她下班回家,路遇一位被汽车撞得头破血流的十二三岁的骑车小男孩。当时肇事汽车已经逃离,她二话没说拿起手机叫来120急救车,忙前忙后,直到将小孩护送到原平市医院急诊科。弓平峰勇斗歹徒、保护公款的事迹不仅体现了一名财政干部忠于本职工作的境界,更体现了共产党员舍生忘死的本色,成为原平市广大干部学习的榜样。

弓平峰,一名普通的共产党员,用自觉的行动,践行了党旗下的誓言。她的感人事迹,得到了群众的广泛赞誉和领导的充分肯定。2011年新春佳节来临之际,中央文明办给她赠送了上海产英雄金笔;山西省委常委、宣传部部长胡苏平给她发来了亲笔签名的贺信。2011年年底,忻州市委常委、宣传部部长陈义青专程看望了弓平峰,并且亲手送上由省委书记袁纯清签名的贺年卡,勉励她在平凡的工作岗位上继续书写共产党员的精彩篇章。

头雁风采

——记忻州市原平市子干乡子干村党支部书记栗翠田

山西省原平市子干乡子干村以抗日英雄刘子干的名字命名。栗翠田就是这个村的党支部书记。多年来，在栗翠田的带领下，昔日的英雄故里如今已成为文明和谐、依法治理的全省先进村，他所在的党支部也被评为全省先进基层党组织。他用自己的实际行动在老百姓心中树起了一个当代共产党员的光辉形象，在广袤的田野上展示了一位农村"领头雁"的豪迈风采。

争当先锋

在创先争优活动中，栗翠田积极创新，在全村党员中推行了独具特色的"五组联创法"，将31名党员根据各自的特长与优势，分别编入参政议政、政策宣传、廉政监督、致富帮扶和民事调解五个小组，做到政策宣传跟得上、民主参政配得上、群众有事帮得上，成为全方位、多角度服务群众、排忧解难的共产党员先锋队。他还针对村大人多的实际和党建工作的薄弱环节，健全完善了一整套规章制度和村规民约，实现了10年"零上访"，维护了村里的和谐稳定。他多方筹资建设了面积达428平方米的村

头雁风采

栗翠田（前）参加子干村河道治理工程建设

级组织办公场所及便民服务中心，使党在农村的阵地更加坚实。为了弘扬抗日英雄刘子干的精神，栗翠田带领村民建成一个集商贸文化和道德教育为一体的子干广场，刘子干的塑像矗立在广场中央。他定期组织党员在英雄的塑像前进行革命传统教育，激发了广大党员学英雄、当先锋的热情。

创业带富

栗翠田前几年率先发展苗圃产业，走出了一条育苗致富的路子。他一边领头示范，作出榜样，一边通过政策宣传、技术传授、信息发布，带动起一批又一批苗圃专业户，使子干村成为远近闻名的育苗专业村。村民冀文高前几年也想发展苗圃，但是怕有闪失，拿不定主意。栗翠田对他说："我给你垫上买苗款，如果赔了我负担，放心干吧。"后来他帮助筹集2000多元，买回油松籽，鼓励冀文高大胆种起来。经过几年滚动发展，冀文高果然靠这"绿色银行"产业，实现了经济收入大翻身。现如今，子干村

已形成8000亩干鲜水果树的种植规模,被忻州市委、市政府评为"发展一村一品先进村"。栗翠田还积极引导村党支部成员参与创办各类农村经济协会,先后成立了养殖、酥梨、商贸、劳务输出等协会。酥梨协会连年外出采集酥梨优良品种,聘请专家教授传授酥梨栽培技能,特别是来自袁隆平教授团队的魏国华博士在村里搞的富硒酥梨培植试验获得成功,并进行了推广。他还积极从北京桥元投资有限公司引资2000余万元,利用村里闲置的500余亩荒山坡,兴建了原平唯一的公墓"仙逸居生态陵园",促进了全市公益事业的发展。2011年,子干村的人均收入达5556元,超过了全市平均水平。

甘当基石

村里人说:"栗翠田人是公家的,家里的东西也是公家的了,栗翠田家的工具车、割草机……村里人随时可以用,从来不要钱。"村民武贵玉在太原打工,不幸得病住院。出院后回到村里,需要报销医药费和办理大病救助。栗翠田得知后,全揽到手上,到城里医保单位一一办妥,把按规定报销的8000多元药费如数交到武贵玉手中。近年来,他与支部、村委一班人团结奋斗,先后硬化街巷道路17公里,建造了供水站,安装了自来水,解决了全村人的吃水安全问题。针对穿村河道多年垃圾堵塞、存在安全隐患的问题,连续3年投资150万元,实施了疏通河道治理工程。村里的每一项工程都渗透着栗翠田的心血和汗水,留下了他繁忙的身影。如今的子干村,人心思进,协力同心,山变绿了,水变清了,村更美了,人也更富了。

用心拥抱明天

——记忻州市岢岚县大涧乡吴家庄村
党支部书记、村委会主任张国新

历史上的吴家庄村,"路无三尺平,田无半亩整"。山多地少、土地瘠薄,自然资源贫乏的现实让吴家庄人世代都居住在破旧的土窑洞里。村党支部书记张国新上任后,带领支部一班人从建学校、修大棚、打水井、修水渠,到退耕还林引进仁用杏、尝试种苹果,吴家庄在艰难的探索中缓慢前行。

艰苦创业

钱有了着落,而要干的事情很多很多,张国新开始了他人生路上的又一次冲锋。协调土地、组织施工、聘调专家、试验种植,都需要他事无巨细地去检点落实。每天早晨6点钟起床,忙碌到深夜,直至将第二天工作中急需解决的问题落实后他才能休息。一年里,在蔬菜专家的指导下,建成的16座大棚蔬菜喜获丰收,首批试种的16户农户年平均收入3万元。然而,由于忙大家的事情,这一年张国新自己种植的5亩莜麦因没有时间收割,被大雪压在了地里,颗粒无收。

2008年,他们选定新村址,由张春生投资1800多万元的72套欧式住宅别墅群开工建设,张国新更忙了。包括超市、学校、卫生所、办公室、党员活动室等在内的公共设施同步建设,施工的人员多,吃饭、住宿成了大问题,张国新主动将自己的房子腾出来给施工队用,自己一家却挤在了一间土窑洞内。

为了给山坡上新植的幼树及时浇水,张国新亲自找有关部门借了3台水泵,自己垫资6000多元买了3000余米水管,和8个年轻人一道抽水浇树,每天都是一身泥水一身汗、沟底梁顶上下跑。由于长时间在泥水中劳作,加之劳累过度,张国新多年的老胃病复发,疼得直不起腰,大家劝他回家休息。他却只是吃了几片止痛药,咬紧牙继续坚持在工地上。4万余株新植幼树在河水的浇灌下绽露出嫩芽,成活率达到了95%以上。

新村建成了,蔬菜种上了。然而,街道保洁、设施维护、水电修复等许多工作需要有人去做。张国新再次将党员干部组织起来,带领全村群众积极参与义务劳动,用辛勤的劳动来保护自己的美好家园。几年来,全村累计义务投工达5000余个。

张国新(右二)给菜农讲解黄瓜病虫害知识

奔向明天

经过多年的努力，目前，吴家庄村已建成日光温室蔬菜大棚100座、高标准的观光自由采摘棚9座、采用无土气雾立体栽培技术的球形温室1座、占地18亩的垂钓中心1处；成立了蔬菜专业合作社、养殖合作社、小杂粮加工合作社和观光旅游合作社；建成了集现代农业观光、度假旅游、会议培训为一体的功能齐全的五星级旅游接待中心；硬化村庄街巷、广场、小区3150平方米，安装路灯和灯箱72个，种植草坪1080平方米，栽种杏树、李子6000余株，各种乔木8万余株，全村66户人家全部入住了别墅式新居，农民人均纯收入达到了2万元。

张国新忘我工作，带领群众不畏艰苦、共同致富，得到了社会各界的高度认可。吴家庄村企共建新农村，发展绿色高效农业，实现共同富裕取得的成效得到各级领导的充分肯定。面对成绩，他没有丝毫的骄傲自满。新的一天来临时，他又像以前一样踏上了新的征程，向着更高的目标前进。

学在前　行在先

——记忻州市保德县南河沟乡人民政府组宣员孙瑞国

一名扎根基层的普通乡镇干部,处处以党员的标准严格要求自己,自觉履行党员义务,遵守党纪政纪,具有崇高的理想信念、优良的工作作风和无私的奉献精神,体现了一名共产党员的本色。

干工作不能怕困难

参加工作以来,孙瑞国始终严格要求自己,始终把求真务实作为自己的准则,把作风建设的重点放在严谨、细致、求实、苦干上,做到了干一行、爱一行、钻一行。面对农村工作涉及面广、政策性强、情况复杂的特点,他做到了"眼勤、嘴勤、手勤、腿勤",以高度的责任感、使命感和工作热情,积极负责地开展工作。开发井油山生态旅游项目是全乡的一项重点工程,项目的实施,涉及土地的征用补偿,引发了许多矛盾。面对困难,孙瑞国深入群众,调查研究,一方面大力宣传旅游开发的前景;一方面耐心细致地做群众的思想工作,使项目稳步推进。在他的努力下,3公里的旅游专线如今已经全面打通。

学在前　行在先

孙瑞国（前中）与村民植树返回时的情景

实践之中出成绩

2009年以来，孙瑞国作为包片领导，带领所辖村"两委"班子成员，根据本村实际和地理优势，把实现好、维护好、发展好群众利益作为工作的根本出发点，加大农业结构调整力度，走出了一条共同发展的富民之路。

他积极向上争取项目扶持和资金投入，完成了所辖5村的文化体育场所硬化及设施配套，投资5万元新建了东庄焉村"农家乐"大舞台、安装了200多套电视接收设备、村村建立农家书屋，大大丰富了群众的精神文化需求；新建了300余座生态厕所，改善了村民居住环境；投资20多万元对东庄焉生态养殖区道路进行了绿化并新建了生态养殖区景观门，成为当地养殖业发展的一张亮丽名片。

他通过多方位的考察，了解到东庄焉片区草茂林丰、空气清新、水源充足，拥有发展绿色养殖得天独厚的自然条件，便发动

村干部贾保军联合5户村民入股兴建了宏业养殖专业合作社,解决了附近村民40余人的就业问题,带动了相关产业的发展,有效地拓宽了群众致富渠道。

近年来,他竭尽全力、孜孜以求,在东庄焉村筹划建立了辽宁绒山羊、小尾寒羊原种繁育养殖基地,采取"合作社＋基地＋农户"和风险共担、利益共享的产业化经营模式,充分利用项目区现有的区域资源优势,通过基地建设、示范带动、技术推广、跟踪服务,促进项目区养殖业现代化经营。基地免费为农户提供育繁母羊,通过种羊场提供的种公羊杂交,生产优质商品肉羊,达到项目设计规模后,年出栏肉羊数非常可观,此项目直接受益农户200余户,户年收入可增加1万余元,由此进一步推动全乡养殖实现滚动式发展;开发东庄焉养殖基地畜产品加工项目,打造井油山柏籽羊肉品牌,并做好储藏、加工、包装产业;在井油山村建立300亩马铃薯原种繁育基地,为全乡优种种植提供优质种子保障;在秦家河村新建500亩玉米丰产田;在东庄焉等村以工代赈,实施常足梁流域治理项目,打坝12座,修建谷坊40座,淤地450亩,造林1.4万亩;借势黄土高原区综合治理工程草食畜牧业发展项目,在东庄焉片区种植牧草3000亩。这些项目的实施,进一步优化了东庄焉片区的农业产业结构,加快了农民致富增收的步伐。

站在新的历史起点,面对新的机遇与挑战,孙瑞国并不满足已取得的成绩。他说,党员这个称号是无上光荣的,我要让自己的一言一行对得起这个称号,做一名合格的共产党员,为群众作出更多贡献。

人生价值在奉献中闪光

——记忻州市偏关县会计核算中心主任常建平

常建平是偏关县会计核算中心主任,20多年来,"忠诚、自律、勤奋、敬业"的人生信条,像一盏明灯指引着她前进的方向。作为一名共产党员,她以坚定的政治信仰、过硬的业务素质、公正无私的操守和宽容的胸怀,为政府管家,为单位理财,在财政工作岗位上树立了共产党员的良好形象。

忠于职守,依法理财

2002年10月,偏关县会计核算中心正式成立,她既是负责人,又是办事员,全县的会计集中核算工作的前期准备和规范工作的重任就落在她的肩上。她深知,自己工作的好坏直接关系到全县的会计集中核算工作的成败,甚至影响全县经济社会发展大局。她通过从网络上学、外出观摩、请进来教等多种形式,不断学习,完善思路,一套以"严格会计核算程序,加强收支监管,加强队伍建设"为主线的业务和管理流程在她的脑海中形成并付诸实施。会计集中核算是一项政策性强、业务性强的工作,内部管理的好坏直接影响着服务水平的高低。为此,她先后建立完善

了会计核算工作制度、岗位责任制度、内部牵制制度、首问负责制、限时办结制、责任追究制等一系列管理制度，形成了中心工作环环相扣、严密高效的"互动链"。她结合单位实际，大胆探索，制定了会计核算规范和业务操作规程，明确了从会计凭证收集、审核、核算到会计报告编制等一整套的业务处理流程，从而保证了会计核算和会计信息的真实准确及时，管好用好每一笔财政资金，力求做到专款专用、少花钱多办事。几年来，她累计审核支出资金十多亿元、纠正不合理支出500多万元、拒付不合理支出100多万元。没有出现一次业务差错，受到了上级主管部门的充分肯定。健全规范的管理制度不仅提升了核算中心的综合业务能力，而且为核算中心实现廉洁、高效、文明服务提供了有力的保障。

不畏艰难，埋头苦干

会计核算中心是一个特殊岗位，工作量之大、工作强度之高

常建平（右一）在支付中心指导工作

人生价值在奉献中闪光

可想而知。2002年,县直近100个预算单位全面实施会计集中核算改革,所有单位基础数据资料的收集、各项管理制度的制定、方案编制和具体业务培训等工作,按要求都要在短短的两个月内完成,她接到任务后,没有退缩,没有怨言,带领科室同志一起,克服各种困难,按时完成任务。经过大家的努力,偏关县会计集中核算工作不仅走在全市的前列,得到了县、局领导的首肯,而且受到上级主管部门的表彰,树立了偏关财政部门在全市的良好形象。2010年,偏关县财政资金实行国库集中支付。而国库集中支付中心是建立在国库单一账户体系下的专职支付部门,对财政性资金的安全性负有很大的责任,日常业务又十分繁杂,而且是集中支付和集中核算同时运行,一套人马两块牌子。在艰巨而重大的任务和责任面前,她不等不靠、加班加点、完善制度、规范运作,顺利实施了平稳过渡。不仅调整和优化了支出结构,节俭了财政支出,而且提高了财政性资金的使用效益。

率先垂范,铸造品格

采得百花蕊,酿出芳香蜜,常建平从事会计管理工作,一干就是23年。23年来,她时刻坚守着"廉洁自律、诚实守信"的原则,以一张笑脸、一颗热心迎来送往,成为偏关县财政系统的行家里手,她所领导的偏关县核算中心也多次被市、县评为先进集体。耀眼的成绩,并没有成为她前进的绊脚石,反而成为她继续勤奋敬业的动力,使她更加谦虚,向着更高的目标奋力前行。

用平凡的事迹铸就不平凡的感动

——记忻州市公安局交警支队直属三大队三中队中队长罗国平

每次听到村民的夸奖，罗国平都显得很不好意思，他说："其实我做的都是些平常小事，帮群众解决问题是我生活的一部分，也是一大快乐。"

助人为乐彰显服务之心

长期以来，罗国平一心为民、心系群众、亲民爱民，以实际行动诠释了人民警察爱人民的庄严承诺。

2011年，忻州市发生大暴雨，无情的洪水淹没了市区的道路，造成道路交通失控。罗国平在执勤过程中，看见一辆现代轿车陷入了泥坑中，怎么也出不来，眼看水将没入车中，他奋不顾身，冲到泥坑中，将该车推到了安全位置，而此时他已是满身泥水。当事人对他非常感谢，从车上拿了一条烟要给他，他坚决不要。他说："人民警察就是在人民生命财产安全受到损失时，义无反顾地维护人民群众的利益。"

两轮、三轮农用车违法一直是交通治理的老大难问题。有一次，罗国平到外环查处两轮、三轮车违章事件，一辆无牌三轮车主突然钻到三轮车底抱住车子的传动轴死活不肯出来。罗国平苦口婆心地劝说,讲明三轮车办证的重要性。罗国平发现,三轮车主之所以不愿上户办证,主要是他们进城办证很不方便,程序不熟,找人不便,办一个证往往要花上两三天时间,生活、坐车、住宿费最起码都要花上300多元。了解这一情况后,罗国平向在场所有的车主承诺:"你们只要愿意上户,我无偿给你们代办并送到大家手里。"车主觉得罗国平不仅说得在理,而且想得周到,愉快地接受了处罚。其他几个没上户的车主也将钱和资料交给他代办。罗国平很快就将办好的证照亲自送到他们手里。罗国平和三中队民警上门服务、送证到家的故事,一传十,十传百,在当地传开了。每当有新增摩托车,车主都会主动找他们代办相关手续。群众感激地说:罗国平他们不仅给我们带来了方便,而且给我们节省了大量的费用,真是人民的好交警。仅一个月就有100多台摩托车办了牌证。罗国平说:"人民警察为人民服务是职责所在,使命所在,回应人民期盼、满足人民要求是我们义不容辞的责任。"

罗国平(左一)在训练交警

坚守岗位凸显责任之心

为了加强学校周边的交通安全保卫工作,罗国平在繁忙的日常工作之余,每天都会抽出一段时间专门投入到护学任务中,为学生的平安出行保驾护航。众所周知,学生是较难管理的一个社会群体,但罗国平充分发挥了一个人民交警的耐心和细心,不论刮风下雨,不论是否休假,他都每天提前15分钟到岗疏导交通,不送走最后一拨学生不离岗。他担任的护学岗自成立以来从未发生过一起交通安全事故,赢得了学生、老师和家长的一致称赞,他本人也被忻州市长征路小学、实验小学聘为"优秀辅导员"。

积极驰援体现奉献之心

2007年7月,省会太原进行大规模城区改造,省交警总队要求各地交警积极支援太原建设,增援太原交警,确保太原城区道路畅通。罗国平临危受命,带领忻州支队援并民警在第一时间赶赴太原,每天十几个小时地奋斗在太原交通管理第一线。在巨大的工作压力下,他一直坚持工作不松懈、动作不变形,为太原城区建设贡献出了自己的全部力量。他负责的路段享誉太原全市,他本人受到了太原市民的爱戴,并与太原交警结下了深厚的友谊,同时被《三晋都市报》等多家新闻媒体赞誉为"全省交警学太原,太原交警学罗国平"。

罗国平的岗位虽然平凡,但他正是在这平凡的岗位上作出了不平凡的贡献。

沧海一粟　方显本色

——记忻州市邮政局职工邢卫东

作为邮政战线上的一名普通职工，邢卫东在工作岗位上严谨求实、兢兢业业；作为一名共产党员，入党13年来，邢卫东党性观念强，时时处处以优秀党员的标准严格要求自己，发挥了共产党员的先锋模范作用。

坚定信念　奉献社会

从事邮政工作十多年来，邢卫东信念坚定、敬业爱岗、勇于创新，工作成绩十分突出。他注重提高自身的综合素质和业务能力，积极完成党组织交办的各项任务。他爱党爱国心系人民，能积极参与到党组织的各种活动中，在汶川和玉树相继遭受了百年不遇的地震灾难时，他响应党的号召，第一时间向地震灾区捐款捐物，为震后灾区重建献出了自己的爱心和力量。他积极响应忻州市邮政局党委"送温暖、献爱心"号召，多次向贫困灾区孤寡老人和失学儿童捐款捐物，体现了他对党和人民的热爱之情。

邢卫东（左）在指导工作

立足本职　创先争优

为切实做好营销工作，他刻苦钻研业务理论，认真学习邮政营销管理，不断丰富自己的业务知识。他利用自己的专业知识和实际工作经验，为企业多次成功地策划了业务营销活动，提出了具有建设性的意见和建议，并取得了非常可观的经济效益。尤其是在对集团用户和大客户的维系工作中，他以高度负责的服务态度、无微不至的服务品质，为全面提升全市邮政适应市场需求的竞争能力起到了非常关键的作用，作出了自己应有的贡献。一次，有位客户急需购买200册集邮专题册，想将该册作为其企业馈赠客户的礼品，虽然当时已接近中午下班，但客户要求比较急，他在得知客户的情况之后，不厌其烦地为客户精心挑选出200册集邮册并装箱打包。当客户又要求送货上门时，他二话没说，立即将10箱打包好的邮册装上自己的车，顶着夏日的酷暑，送到了客户指定的地点，并按照客户的要求一个人将10箱邮册

全部搬上了5楼，为客户赢得了宝贵的时间。正是对客户诚信优质的服务，为他赢得了越来越多客户的信任和合作，个人营销业绩也得到了逐年稳步提高。在2011年忻州市邮政局开展的创先争优活动中，邢卫东的个人营销业绩在全市排行榜上名列前茅，为邮政企业创收200多万元。

以身作则　率先垂范

自从2005年担任忻州市邮政局集邮专业党小组组长以来，他以身作则、率先垂范，在做好本职工作的同时，围绕邮政生产经营开展工作，把加强党的执政能力建设与改进企业思想政治工作、创一流专业等紧密结合起来，时刻牢记党的宗旨，时刻保持高度的政治警惕性，坚决抵制对党不利和不实的言行攻击，不传谣不信谣，积极向党员和群众职工宣传贯彻党的方针政策，保持了共产党员的先进性和纯洁性，时刻发挥着先锋模范作用。6年来，他所在的党小组，在他的介绍和培养下，先后有4名同志光荣地加入了党组织，该小组成为市邮政局唯一一个全党员的专业局队伍，并连续几年被评为先进党小组。他以身作则、率先垂范，与同志们精诚团结、共同协作、勇于创新，取得了突出的成绩：2010年、2011年他所在的专业公司各项经济收入指标均列全省专业前三名，在2011年实现了本专业两年翻番的目标，受到了山西省邮政公司的嘉奖，连续两年被山西省邮政公司评为先进单位。

平凡的岗位　基层的楷模

——记山西鲁能晋北铝业有限责任公司拜尔二分厂分解车间副主任宋大伟

他不善言词，但刻苦用功；他不喜形于色，但勤奋努力；他不夸夸其谈，但坚定执著。他就是鲁能晋北铝业有限责任公司拜尔二分厂分解车间副主任宋大伟。

踏踏实实干工作，关心下属人人夸

在同事们的眼中，宋大伟是一个不折不扣的好领导。2012年4月的一天，班里一名年轻同事因为身体不舒服，上班时注意力不集中导致生产指标出现问题。了解到情况后，宋大伟主动找这位同事谈话并督促他尽快治疗。他说："工作是要踏实干的，但身体是要好好养的，身体才是革命的本钱嘛。"让在场的同事感动不已。在他的带领下，分解车间一直都是一个充满温情和温馨的大家庭。吃饭时间到了，有人在现场忙活，操作室的同事会主动帮大家打好饭；看到哪个同事心情不好，一个班的同事总会抽空关心一下。在他和车间全体员工的努力下，分解车间获得公司"2010年度优秀班组"的殊荣。

平凡的岗位 基层的楷模

宋大伟（右）在拜尔二分厂分解车间对员工操作进行指导

任劳任怨写风采，保障试车一路通

2010年，面对二期拜尔法工程要在短期内实现试车、投运、达标达产的紧张任务，新成立的拜尔二分厂必须要挑起边培训边攻关改造的重任，而这个重任无疑要落在懂技术、懂流程的技术人员身上，宋大伟便是这其中的一位。4月，第一批新员工到位后他立即对本车间员工进行了边教边考的培训教育。一天8小时的工作时间，他有7个小时就在现场蹲点传授。分解槽作为分解车间的一个重要环节，现场的流程走向必须要十分清楚才能保证安全生产。最令人头疼的是分解槽的高度，除去最高的不说，最低的也有9层楼高。在外人眼里，每天在9楼以上爬上爬下是多么不容易的一件事情，而那个时候的宋大伟，不光要使新员工尽快熟悉流程，面对现场随时出现的问题，他还要全力配合相关单位进行解决，因此，常常是刚爬上槽顶给员工讲解完现场知识，一个紧急电话又把他叫到槽下解决技术问题。即便如此，他却从

未叫苦叫累。接连几个月,这名平凡的党员一直往来穿梭于这条"试车通行道"上。7月,二期工程顺利投产了。还未来得及享受试车成功的喜悦,面对出料过程中出现的一系列不稳定问题,他又起早贪黑地忙碌起来,常常下班回家扒拉两口凉饭又急匆匆地骑着电动车赶到现场,与同事们一道处理难题。

大胆创新作贡献,节能降耗保生产

2011年4月上旬,分解车间平盘、立盘指标出现频频下滑现象,严重时已无法保证正常生产,虽然前期分厂进行了一系列的技术改进,但效果甚微。针对立盘浮游物严重跑高、精制液产出率较低的问题,宋大伟与技术人员一起,对可能出现泄漏的密封胶套、喉箍、弹簧卡、钢套、滤布安装等部位进行了逐个排查,最终确定了从两个方面进行攻关。一方面,对立盘滤布安装及使用进行全程跟踪,杜绝了由于安装和操作过程失误造成的跑高现象;另一方面,及时更换损坏和脱落的橡胶密封套。一个多月后,立盘浮游物指标得到了较大改善。针对平盘在试车中出现的产能低、指标差等影响生产的瓶颈问题,宋大伟与几名技术骨干先后奔赴河南的郑州铝厂、中美铝业、香江万基铝厂等兄弟单位进行考察学习。回来之后,他借助考察学习的经验,对平盘有关系统进行大胆改造,改造后的附水、附碱指标全部合格,大大降低了天然气的气耗成本。

跑着为群众服务

——记晋中市榆次区张庆乡党委委员、纪委副书记李天福

李天福，榆次区张庆乡一名普通的基层干部，当过老师，搞过机电，干过工业，搞过纪检。但57年来，他没有离开过张庆，37年来，他扎根基层，走村入户，争分夺秒地为群众办事。

视人民如父母

弓村是纯农业村。他在弓村下乡包点时，看到发展大棚是条出路，但建大棚是个新鲜事，村民们一直等待观望，为了让村民看到直观效益，他选定老婆瘫痪在床、儿子刚结婚生子、债台高筑的张老汉。知道老张没钱，李天福用自己的工资抵押，给他贷了款，又从计生办、企业办争取了500元救助，为老汉拉回4车鸡粪。第一年，张老汉的大棚收入5万元，彻底翻了身。

随着工业园区建设的推进，南谷村土地流转、占地补偿款发放问题频发，群众上访不断，村"两委"陷于瘫痪。南谷成了远近闻名的"闹事村"。在这紧要关头，乡党委、政府紧急选调李天福到南谷下乡包村，并任命他为村支书。上任的第一天，就有人扛着铁锹、提着扁担围攻他："前面几批工作组来，啥实事也没

干,净哄人,如果你也是那样,趁早走人。"面对威胁,他平心静气地换位思考,和风细雨地耐心讲解。在南谷的半年,他从没离开过村子一天,没睡过一个囫囵觉,没有开支过集体的一分钱。白天入户与村民谈心、征求意见,晚上与村干部交流研究,常常通宵达旦。夜以继日的工作,使他积劳成疾,一天在接待完来访村民后,他心脏病突发一头栽倒在地,在场的同事赶紧拿筷子撬开他的嘴喂了药,他才慢慢苏醒过来,从此速效救心丸成了他随身携带的必备品……这件事不胫而走,他迈出了与村民以心换心的第一步,坚冰在融化……这一年,他组织补选了南谷村支部委员,推选出村民代表、监督小组、理财小组,定好每月25日集中理财,发放了占地补偿款,解决积案20多件。全区出了名的乱村终于走向了稳定。

视工作如生命

哪里有困难去哪里,工作了37年,下了37年乡,全乡21

李天福(右一)在张庆乡便民服务中心接待来访群众

—158—

个村李天福都住过……张庆的沟沟坎坎、角角落落都留下了他的足迹。他对村民出手大方，30多年来，他的工资从58元加到2000元，他硬是从微薄的工资里挤出部分，扶危救困，先后为老弱病残户捐赠5万多元，解了他们的燃眉之急。

多年来，他先后和同事们给"热点"问题"降温"、给"敏感"问题"脱敏"、给"难点"问题"解难"，共排查信访案件546件，处理各类问题439件，办理便民事项3830件。

李天福的时间表里没有节假日。工作上的事再小也是大事，家里的事再大也是小事。37年，13000多天，几乎天天吃住在单位，进村没条件，入户没钟点，只要工作不要命。要问家里事一概全不知，要问哪个村哪一户的情况和问题，他倒背如流。

2011年，老伴股骨头坏死做了手术，却"欣喜"地说："结婚这么多年了，这是你陪我最长的时间！"市纪委王琦书记来了、区纪委李鹏飞书记来了，乡领导、同事们、乡亲们都来看望，嘘寒问暖。一向坚强的李天福忍不住落泪了，他说："我只是做了一些力所能及的事，组织和群众就给了我这么多的关心，就让我在有生之年做一个永不退休的共产党员吧！"

他，粗茶淡饭，衣着简朴，一生没有任何积蓄；他，两袖清风，表里如一，老牛拉车不回头；他，执著为民，心无旁骛，雪中送炭；他，淡泊名利，安贫乐道，草帽铸忠诚。对于不理解，他说忠孝难两全，责任重于泰山！

"为民解忧,唯民是亲"的女检察官

——记晋中市太谷县人民检察院
控告申诉检察科科长、案件管理中心负责人董永红

董永红,一个平凡的检察官,一名普通的党员,但她把"为民解忧,唯民是亲"作为自己的座右铭,始终以此来实践自己的誓言。她时刻把群众的冷暖放在心上,为群众排忧解难,真心真意地为群众办好事,让每一位来访者都能感受到家的温暖,深受群众的好评。

息诉罢访　心中装着对人民的爱

多年来,每当董永红面对着上访群众那一张张充满希望的脸、一双双对检察官充满信任的眼睛,她就会感到自己肩上国徽的重量。她始终认真审查每起案件,从事实到证据都做到清楚、确凿,让群众满怀激愤而来、心情舒畅而去。

有一次,她受理了一起不服法院判决的轻伤害案件,来访人情绪过激,要求追究当事人的刑事责任。她耐心地接待了当事人,听他倾诉,认真做当事人的思想工作。在办案期间,当事人来过多次,她每次都认真热情地接待,使当事人深受感动。最后

"为民解忧,唯民是亲"的女检察官

董永红在查阅资料

一次,当事人说:"不管案件成与败,我都感谢你,因为你是用真诚来对待我的。"

董永红勇挑重担、拼搏进取,为进一步深化文明接待,规范涉法涉检信访案件的管理,畅通信访渠道,推出了涉法涉检案件流程管理制度和"六步四心"工作法,即接触了解、查阅卷宗、甄别定性、确定方案、落实到位、巩固回访和沟通顺心、真诚真心、法律攻心、帮扶暖心。该工作方法在加强窗口接待工作、维护社会稳定、化解涉检信访中发挥了重要作用,受到市级领导的肯定,在全市控申系统得到推广。两年来,她共接待群众来信来访143件,妥善处理集体访63件、告急访8件、上访老户3件,初核各类案件46件,复查刑事申诉案件47件。

甘于奉献　练就为民服务真本领

熟悉党和国家的政策、法律,具备丰富的群众工作经验,是适应新时期控申检察工作的需要。因此,董永红不断加强控申业

务有关法律条文尤其是新出台法律法规的学习，并善于在办案实践中灵活运用。在2011年全国检察机关"文明接待示范窗口"验收准备阶段，她的母亲生病住院、女儿备战高考，考虑到自己的工作无法由他人替代，董永红毅然将母亲交给家人照料，让女儿寄宿到学校，自己则回单位加班加点完成任务。上级单位验收时，对于她扎实细致的准备工作、规范齐全的案卷材料赞赏不已，第四次顺利地通过了最高检"文明接待示范窗口"验收。

严格执法　倾心帮助弱小无助者

在创先争优活动中，她坚持以人为本、倾情服务，积极探索转变服务方式，端正工作作风，礼貌待人、热情服务，做到了"四个一样"和"三个百分百"，即接待城里人、乡下人一样，干部、群众一样，外地人、本地人一样，领导在与不在一样；来信来访百分之百受理，各类线索百分之百分流，署名举报百分之百答复。

2010年3月的一天，在太谷擦鞋谋生的外地人夏某被人殴打，鞋具也被抢走，他情绪激动地找到检察院控申科反映情况。董永红一边耐心地倾听其遭遇、安抚其情绪，一边向知情人了解相关情况，通过努力，帮助夏某要回了被抢走的谋生鞋具。当得知夏某还没吃早饭后，她又掏钱相助。

24年的检察工作，使董永红这位普通的共产党员与人民群众产生了血浓于水的深厚感情。她曾说："为民解忧，是检察官的职责；唯民是亲，是我做人的本分。我将继续我的征程，无愧于我的良心！"

新农村建设的"领头雁"
农民致富的带头人

——记晋中市介休市城关乡南街村
党总支书记、村委会主任安启明

一位朴实的农村基层干部,在沧海桑田的变幻中,敢于勇立潮头唱大歌,敢于做时代的弄潮儿,在新农村建设的广阔舞台上,书写了一曲曲铿锵有力的奉献之歌。这就是今天的主人公,荣获"全省创先争优优秀共产党员"称号的介休市城关乡南街村党总支书记、村委主任安启明。

新农村建设的"领头雁"

上任以来,安启明时刻牢记"公生明、廉生威"这句古训,将"勤政为民"作为他当村官的座右铭。2007年,他筹资80万元建起南街村村级活动中心,不仅改善了办公条件,而且巩固和扩大了党员教育活动场所,大大提升了党员干部带领群众干事创业的主动性和创造性。全村呈现出干群一条心、共赴富裕路的喜人局面。乡领导谈到安启明赞不绝口,村民们说起安启明直竖大拇指……

村民致富的带头人

"乡亲们信任咱、上级领导支持咱,咱就不能辜负了大家的期望;当一天家,就要谋划好长远、思谋好发展,为全体村民造福!"这是安启明常挂嘴边的一句话。

他看到有些村民失业在家,无所事事,生活无着落,好多村民几代人挤在窄小的住房中,便暗下决心,要对南街村进行大刀阔斧的建设,给村民换一片天地。几年来,他抓住市政府对定阳路环境综合整治和新建东路旧城拆迁改造的契机,集中力量搞了"介休市金属构件大市场"和"秀南怡园""秀南和苑"村民住宅区,同时,整合土地发展高效农业,建设日光温室大棚40余座,极大缓解了村民居住、就业等一系列困难。在短短几年中,村委自留资产面积达到1.2万余平方米,若按现在市场价每平方米3000元估算,集体资产新增3600万元。

为了盘活村里的闲置资产,他大力度招商引资,提出"墙内

安启明(前)在利达农业生态园区查看蔬菜长势

的事情企业干,墙外的事情我们办"的口号,让企业来得放心、干得舒心。对新落户的企业,积极主动搞好服务,帮助办理各种手续,协调各方关系,让企业集中精力抓生产经营;对遇到困难的企业,主动帮他们找出路、想点子,千方百计帮助解决问题。2010年,介休市岩兴汽贸公司落户南街村,当时,场地有限,可刚好总部运来好多车辆一时无法放置,眼看天色渐渐暗下来了,这可急坏了汽贸公司的经理。安启明得知这个消息后,连夜组织村里的干部群众,硬是将汽贸公司的车一辆一辆放置到村委会大院,解了汽贸公司的燃眉之急。"栽下梧桐树,引得凤凰来",经过一段时间的运作,先后有10家企业落户南街村,固定资产投入达到数千万元,并解决了南街村数百人的就业问题。

群众利益的维护者

安启明时刻把群众的冷暖疾苦放在心上,用自身的言行感召周围的干部群众。南街村有位名叫武秋梅的寡居老人,疾病缠身,安启明获悉后及时为她安排住院,指定专人服侍,把老人当做自己的亲人看待,一直坚持到现在。村里无论哪家孩子考入中专、大学,他都要给予奖学金资助,帮助孩子们顺利完成学业。

为丰富群众业余文化生活,安启明筹资18万元,建设了集休闲、娱乐、健身为一体的街心公园;针对农村养老难问题,在做好村风整治工作的同时,实施60岁以上老人生活补助制度,每月给全村60岁以上老人送去80元生活补助款。在安启明的带动下,全村尊老敬老蔚然成风。

无怨无悔的开拓者

——记晋中市灵石县煤气化公司总经理、城市集中供热总站站长、住房保障和城乡建设管理局副局长杨堃

走进灵石煤气化公司，无论是在办公区、生产区，还是在每一位干部职工身上，总能让人感受到一种严谨的秩序和蓬勃向上的活力，而这一切都是因为企业里有个好的当家人——杨堃。

抓管理，激发企业新活力

2008年3月，杨堃从灵石县城建局总工、市政局副局长的岗位上调任县煤气化公司总经理，不久又兼任县供热总站站长。面对煤气气源质量差，供热、煤气管道老化以及用户激增等问题，她一方面抓气源和热源工程的重新规划，加快原有管网的改造力度；一方面从抓内部管理入手，坚持抓基础、带队伍，大力推行制度化、流程化、标准化建设，使煤气化公司和供热总站各项工作迅速步入正轨，并在短短几年时间，实现了突飞猛进的发展。截止到2012年6月，县城供热供气覆盖率分别达到了95%和96%，并且延伸到了静升新区周边的两个乡镇。2011年底，煤气化公司和供热总站供热供气用户同时突破1.65万户。

无怨无悔的开拓者

杨堃（前）带队进行春检

抓服务，树立企业新形象

她从上任之初，就把为百姓提供优质服务作为工作中心，提出了"373"为民服务流程，即从接受申请、勘察、预算到安装前的准备工作必须在3个工作日内完成；安装工程根据工程预算，制出工程进度表，在7个工作日内保质保量完成；工程完成后必须在3日内为用户验收安检。此外，她还组织建立健全一站式用户体系，健全用户档案管理系统，积极发展用户，主动与用户接触，在安装设计上与用户沟通，科学、合理地设计安装管网，不断创造条件为广大居民安装煤气和集中供热，上任4年，煤气公司的各项工作实现了零投诉。

抓安全，夯实企业发展根基

煤气供热都属于高危行业。安全方面来不得半点马虎。她始

终把安全作为企业的头等大事来抓。她在企业内部层层签订安全目标责任书，制定了严格的安全生产操作规范，明确了奖惩机制，确保每个部门、每个岗位都做到安全生产。提出以保供热保供气抓安全生产为突破口，查找安全隐患，保证了供热供气稳定安全生产。同时，制定管网设备巡检制度、分站夜班值班制度、安全应急预案等，将安全预防工作放在首位，有效杜绝了安全事故的发生。此外，购置了安全帽、电工绝缘鞋、安全施工路标等安全设备，并对易造成安全事故的设备积极校对、检验，存在隐患的全部更换，真正做到促安全、保生产。几年来，无论供气还是供热没有发生一起大的安全事故。

抓市场，拓展企业生存空间

2011年，供热站承建了灯塔高层、三中等十几项工程，煤气化公司承建了翠峰山煤气工程等施工任务。她每天坚守在工地，协调工料进场、督促工程进度、监督安全生产，确保了工程顺利完工，为企业创收1800余万元。很多人对她说："你一个女人，赚的是公务员的工资，用得着那样拼命吗？"她总是淡淡地笑着说："在其位就得谋其政。我不能因为我的工资有保障，就不考虑企业的发展和职工的利益。"为降低运营成本，她组织开展了全员参与的降本增效活动。她常说："经营企业如同居家过日子，必须精打细算。"正是因为有了这样一个当家人，才使得煤气和供热在快速发展的同时，实现了成本的直线下降，仅2011年用电和热损耗两项就节约成本上百万元。

扎根基层勇争先
敬业奉献创佳绩

——记晋中市左权县龙泉乡党委书记吕爱鸿

吕爱鸿在20年的基层工作中,始终以全面加强农村基层组织建设,团结带领全乡党员干部群众,使全乡的经济发展迈上新台阶为己任,真正取得了"党员干部受教育、人民群众得实惠"的实效。

引领党建,率先垂范

他常说:"党委书记不抓党建是失职,抓不好党建是不称职。"工作中,他把党的思想理论建设放在首位,以班子建设为中心,以队伍建设为关键,统领全乡党建工作。在他担任党委书记的6年里,乡里的党建工作有声有色。在抓农村基层组织建设中,他以身作则、统筹协调,充分依靠群众,严格依法办事。2011年是农村集中换届年,他作为乡党委书记,深知任务重,责任更重,把一批德才兼备、年轻有为的"双带"人员选进了农村"两委"班子,为实现"十二五"规划目标提供了坚强的组织保障。在抓队伍建设中,他尽职尽责、鞠躬尽瘁。他根据乡干部队伍、村干

部队伍、大学生村干部队伍、农村党员队伍这四支队伍的不同特点,从目标责任、学习培训、考核评价、奖惩任免等制度建设入手,针对性地制定出台了管理办法,以制度调动了四支队伍的工作积极性。队伍建设的不断加强,使全乡涌现出了全省优秀大学生村官卢淑红、全市"五好"党支部——西瑶村支部、松树坪支部以及一批优秀农村干部和优秀党员。

勤于开拓,勇于实践

创先争优活动开展以来,他大胆创新、积极探索,在农村稳定、民主管理、制度执行等方面作了一些有益探索,并取得了可喜成绩。一是按照"六规范一强化"加强组织工作。他多方跑动,积极争取资金360多万元,对20个农村党员活动场所进行了新建和改扩建,同时狠抓农村财务规范管理,强化民主理财、民主管理和民主监督。二是探索实践农村组织建设新路子。农村"两委"换届后,针对出现的新问题和新情况,他在深入调查研究的基础上,组织指导并参与编写了集党的法规、政策、制度于一体的《农村干部民主工作手册》一书。在此基础上,他提出了

吕爱鸿(右二)检查指导乡计生工作

农村"九步循环工作法",并在全乡推行。至此,各村的工作实现完整的循环和公开,真正推动了农村决策、实施、监督的有序、有效与有力进行。

躬身服务,乐于奉献

一年来,在他的领导下,龙泉乡党委高举和谐发展、率先崛起的旗帜,建设服务型政府,倾力服务企业,全力服务群众,抓住"工业强乡、生态立乡、创业兴乡"三大战略,努力在工业园区建设、农业产业基地、旅游公园开发、社会民生事业上有所突破。一是全乡经济实现了较快增长。2011年全乡生产总值9.6亿元,增长18%,农民人均纯收入达到3518元,增长15%,两项指标总量和增幅均居全县首位。二是新农村建设成绩明显。他多次组织带领乡村干部深入一线,现场办公,和群众一起解决问题,推进工作,"新五覆盖"工程率先在全县完成,农村面貌焕然一新。"一乡一业、一村一品"工作取得了明显发展。三是招商引资成绩巨大。一年来,共引资1600万元。龙泉循环经济创新示范园区建设取得重大进展,6个非煤项目上马,一批民营企业茁壮成长。四是民生工作扎实推进,深得民心。饮水解困、扶持就业创业、农村节能项目、农民培训等实事好事解决了老百姓最关心、最直接、最现实的利益问题。

党的建设是党委工作的龙头工程,是执政的首要任务,党委书记是党建工作的第一责任人。他深感使命光荣、责任重大,为官一任,就要富一方百姓、保一方平安。

基层党建的领班人

——记晋中市和顺县直属机关工委书记王海元

"党建是我的事业,群众就是父母,两件事都得办好,才无愧自己的良心。"这是他的口头禅。"一身正气",是他高尚人格的真实写照;"俯首为牛",是他人生观、价值观的重要体现。30年的坚守,他无怨无悔,他说他还要坚定不移地一直坚守下去。他被县直工委的同志们亲切地称为"基层党建的领班人"。

孜孜探索 筑牢基础
有效提升基层党组织凝聚力战斗力

建立坚强的基层党组织是做好一切工作的前提和关键,这是王海元从事党务工作30年的贴身体会。在抓县直机关党建工作中,经过多次细致调研,他探索出了符合县直机关工委实际的党建新路子,提出了"围绕一个中心,强化一条主线,突出四个重点,抓好六项工作"的党建工作要点。他还在深入基层调查研究的基础上,撰写专题调研材料,积极向县委建言献策,进一步科学、合理地规范了机关党组织的发展。在做好党建工作的多个方面求真务实,进一步提高了党组织的凝聚力和号召力,为全县经济社会建设造就了一批能干事、敢干事的优秀党员队伍。

王海元（左二）在"三联五帮"结对点检查工作

精心组织　率先垂范
强力推进党建活动健康开展见成效

任职 10 年来，王海元充分认识到没有一个团结战斗、开拓进取的领导班子，就不可能创造出惊人的业绩。所以，他紧紧抓住全国开展争先创优、保持党的纯洁性学习教育两项活动的契机，精心组织，带头实践，率先垂范，有力地促进了活动健康开展，使活动见到了实实在在的成效。在创先争优活动的覆盖上，他将机关工委党员分组，并亲自率领下基层、进机关、入家户，摸底子、清人数，保证了所负责的县直机关工委下属 44 个单位、1 个党委、5 个党总支、51 个党支部、874 名党员全部参加活动，无一遗漏。

活动中，针对县老干局党总支下属退休老干部党员较多、行动不便等特点，他带领县直机关工委和老干局的全体工作人员"送学上门"，并征求老干部对具体工作的意见，收到了"一举两得"的效果。他还借鉴外县的先进经验，提出了争创"五星级党

组织"的方案,要求各党支部争创"星级党组织",不达"星级"的,在一定时间内进行整改,直至达级。这项活动得到了县委的肯定,并在全县推广,有效地促进了全县各项工作的进行。

扑下身子 住进村子
促进党建统领经济社会又好又快发展

"三联五帮"城乡共建活动是和顺县委统筹城乡发展,破解党建发展难题的创新举措。干部下乡驻村工作是全省提出的帮助农村增收的有效措施。活动开展以来,他带领单位全体人员,带着感情深入一线,与结对村深入开展联谊活动,谋划发展,争取和协调资金,着力改善办公环境。"三联五帮"活动开展以来,他亲自深入田间地头20多次,深入结对户家中28次,开展科技知识讲解4次,培训科技能人100多人次,排处矛盾纠纷4起,为群众解难题办好事24件。2012年上半年,县直机关工委在他的带领下,44个单位深入到村315次,加强村委干部培训87次,讲解各类政策75次,慰问困难户、贫困户130户,发放各类宣传资料5000余份。在经费很紧张的状态下,他还自掏腰包,慰问了小学生和老党员,他们的帮扶为结对村开启了一扇又一扇的致富大门,李阳镇下石勒村蓬勃发展的沟域经济就是他们帮扶指导的结晶。

操千曲而后晓声,观千剑而后识器。王海元以一个普通党员的身份模范地践行着党章规定的义务,以"五带头"(带头学习提高、带头争创佳绩、带头服务群众、带头遵纪守法、带头弘扬正气)引领指导工作,充分发挥了共产党员的先锋模范作用,为全县的经济转型跨越发展作出了应有的贡献。

牢记使命　争做时代先锋

——记晋中市昔阳县集中供热供气中心副主任刘继红

晋中市优秀共产党员、晋中市劳动竞赛委员会个人一等功、晋中市优秀城市美容师、晋中市五一劳动奖章……这个集诸多殊荣于一身的共产党员就是现任昔阳县供热供气中心副主任的刘继红。

肯于钻研，做行业专家

1982年参加工作以来，他坚持钻研业务，不断提高素质能力，从一名普通工人成长为供热行业的专家。

"一个人可以没有文凭却不能没有知识"。这是刘继红最欣赏的一句话。为了更好地提高自己，他订购了大量的业务书籍和相关资料，先后自学了《锅炉及锅炉房设备》《管道安装实用手册》等专业书籍。通过自学使自己的眼界不断开阔，知识不断丰富更新，业务功底更加深厚。2009年，他作为供热供气副主任负责集中供热工程，以发展大县城集中供热为目标，除了锅炉安装以外，还要科学设计管网布局、制订管网铺设方案并进行施工。当时，供热供气中心一无经验、二无专业技术人员，如何科学设计管网布局，如何计算管径和管道阻力，发挥最佳供热效果成了摆在他面前的一道难题。他凭借多年来积淀的理论功底和锅炉安装经验,带领职工开始了创业历程。白天,他认真进行实地勘察;晚上,他多方查阅资料,仔细研究,反复计算,不知经历了多少不眠之夜,终于使供热供气工作顺利展开。为了使设计方案更加科学、合理,他虚心向外县兄弟单位学习请教,认真细致地研究、修改,最终,他的设计方案得到了行业专家的认可,而且在此后几年的供热发展过程中经受住了检验。按此布局,目前外管网已发展扩大到60公里,县城供热管网布局已由县城中心扩大到城乡结合部,供热面积也由最初的12万平方米发展到现在的24万平方米,不仅供热能力可以满足未来10年县城的供热需求,而且使县城的大气环境得到了很大程度的改善,供热事业逐步走上了科学发展之路,形成了符合大县城规划的科学合理的供热网络。

踏实为民,促和谐建设

供热供气中心是一个服务部门,与人民群众的生活密切相

刘继红(右二)在昔阳县西外环道路改造工程施工现场督促工程进度

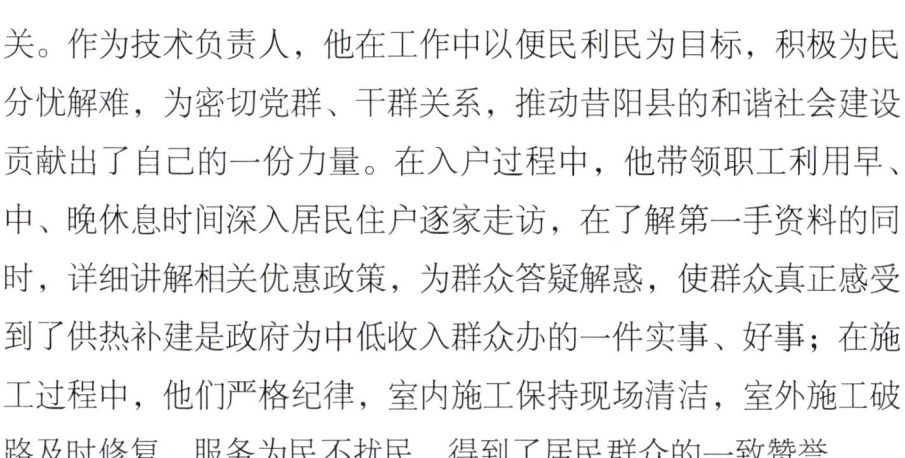

关。作为技术负责人，他在工作中以便民利民为目标，积极为民分忧解难，为密切党群、干群关系，推动昔阳县的和谐社会建设贡献出了自己的一份力量。在入户过程中，他带领职工利用早、中、晚休息时间深入居民住户逐家走访，在了解第一手资料的同时，详细讲解相关优惠政策，为群众答疑解惑，使群众真正感受到了供热补建是政府为中低收入群众办的一件实事、好事；在施工过程中，他们严格纪律，室内施工保持现场清洁，室外施工破路及时修复。服务为民不扰民，得到了居民群众的一致赞誉。

在花园小区供热改造中，由于设计图纸存在问题，使一部分用户室内温度达不到设计要求。听到情况反映后，他急在心头，严肃地对大家说："群众的事无小事，我们是服务行业，服务好是我们的宗旨，不管困难多大也要想法解决，让广大居民住户过一个温暖的冬天。"他提出了逐户重新改装的意见，带领职工们利用业余时间入户检查，一户一户地分析研究，制订改装方案。严谨、细致的工作使整个花园小区采暖期都达到了供热标准，用户群众十分满意。

为了保持与广大居民群众的长期密切接触，随时倾听他们的呼声，在刘继红的倡导下，供热供气中心还建立了群众来访接待日和热线电话，使之成为与群众沟通联系畅通无阻的渠道。几年来，通过这条渠道收集群众反映的问题360个，都得到了圆满的解决，受到了居民群众的广泛好评。

牢记宗旨使命　树干警楷模

——记晋中市公安局经济技术开发区分局指挥中心
主任科员崔志强

他急难警务走在前，危重警务冲在前，爱岗敬业做在前；他是人民群众认可的"老黄牛"，是当代人民警察的骄傲。他就是山西省晋中市公安局开发区分局民警崔志强。

牢记使命　践行誓词

崔志强先后从事刑警、治安、交警等工作。他三十年如一日，辛勤奋战在基层一线。他在从警生涯中破获了各类案件上百次，抓获小偷几十人，积极帮助困难群众，无数次地深入农村宣传治安防范知识，被群众称赞为"知心民警"，被单位树立为学习的榜样。他常说："作为人民警察，我做得还远远不够，即使离开工作岗位，我也不会忘记职责，继续回报党，回报社会，回报人民！"

临危不惧　勇擒歹徒

2012年2月23日下午，中国建设银行晋中分行领导来到晋中市公安局开发区分局，将一面上书"警民携手、勇擒歹徒"的锦旗和感谢信等交到公安分局领导手中，感慨分局民警崔志强不留姓名、不计得失，感谢他奋不顾身、勇斗歹徒，及时避免了一起可以预见的恶性案件，成功保护国家财产及人民群众生命安全。

2月19日，正值周末，下午3时多，在建设银行晋中分行大厅内，发生了一起歹徒持刀抢劫银行的恶性案件。下午3时30分，晋中市公安局开发区分局民警崔志强途经此处时，看到百余群众聚集在此，出于职业敏感，他迅速上前了解。得知银行里面有人持刀公然抢劫，崔志强立即设法进入大厅。此时，一名身高约1.7米的身强体壮的中年男子正挥舞着一把菜刀追砍一名身着制服且手持椅子自卫的银行保安，并狂喊："我砍死你，我砍死你。"面对猖狂凶狠的歹徒，崔志强毫不犹豫地冲上前，义正词严地责令歹徒："放下菜刀。"歹徒见有人冲向他，更加穷凶极恶地挥舞着菜刀砍杀过来。崔志强毫不畏惧，机智地与其周旋。当歹徒再次举刀砍向保安时，他箭步上前，用右臂夹住歹徒举刀的右手，左手抓住歹徒的脖子，顺势脚下一个绊子，将歹徒重重摔在地下。此时3名保安也迅速冲过来，将极力挣扎的歹徒压住，并夺下菜刀，用歹徒的裤带牢牢捆绑住歹徒，并及时对歹徒全身进行了搜查，在确认没有其他凶器或危险品的存在后，崔志强将歹徒和凶器移交给赶到的城区公安分局民警，然后他悄然离开现场。他说："我觉得这就是一种职责，是一名警察应当做的事情，我遇上了就该去抓。"正是抱着这样朴素的想法，他在自己平凡的岗位上30多年来日复一日地坚持着，做着不平凡的事情。

崔志强在写材料

爱岗敬业　认真履职

2005年,崔志强调入开发区公安分局工作,由于公安分局初成立,人员少、工作繁忙,他虽年近五十,仍然带班出警、接警、处置案件。2009年,崔志强从治安大队调到综合办公室工作,面对工作的调动,崔志强没有任何怨言,他说:"不管岗位一样不一样,都要干好工作。"崔志强能够及时转换角色,在工作中不断提高自身的业务水平和理论素养,不断改进工作作风,提高工作效率,并始终坚持把严、细、慎、实等工作原则贯穿到办公室的各个方面,把精益求精、做到最好的要求,落实到办公室工作的各个环节。由他负责的收发文件、填写报表,文字材料等工作都没有出现任何差错,并归纳总结出"四勤三结合两做到"办公室工作法。他常说:"我最大的收获就是拯救迷途的人,看到身边的人平平安安我就觉得特别开心。这份满足和喜悦对我来说很珍贵,人民群众的平安、幸福就是我最大的心愿。"

大山深处的引路人

——记临汾市尧都区枕头乡枕头村党支部书记徐靖华

徐靖华,一位年过花甲的农村党支部书记,致富不忘乡亲,个人先后垫资500余万元,通过抓党建、惠民生、促发展,使一个贫困落后的小山村变为远近闻名的富裕村、文明村、小康村。

抓班子、带队伍、做表率

作为农村党支部书记,徐靖华积极探索加强基层党组织的有效途径,先后组织开展了"我是党员我带头""倡导文明新风,共建美好家园""一名党员一面旗"等系列活动,让党员从自身上看到不足,让党员们悟出"共产党员"不是荣誉称号,而是一面旗帜的道理,让党员懂得自己的形象就是支部的形象,从而促使党员有效地发挥先锋模范作用。目前,党员队伍中有30%成为致富路上的带头人。他坚持把率先垂范作为加强党员教育的一个制胜法宝。在党员会上,他时常说这样一句话:"作为党员平时要看得出来,关键时刻要站得出来,必须具有党性观念,体现出党员的先进性。"2008年四川汶川地震时,他个人先后带头捐款20余万元。同时,村里各项制度都在具体工作中得到了贯彻落实,做

徐靖华（右一站立者）在苹果栽植技术培训班上为果农讲课

到了财务公开及时、村务秉公办理、干部作风民主。在他的带领下，党员也各尽其责，包路、包户、包产业，主动为群众提供服务，促进了全村经济发展和社会事业的进步，推动了全村和谐发展。

抓经济、谋发展、富村民

在他的带领下，枕头村大力实施农业产业结构调整，率先打破长久以来"靠山吃煤"的怪圈。他亲自邀请专家对本村土质、气候、海拔高度等条件及市场需求进行了可行性分析，先后召开群众座谈会20余次，并组织100多名村民到山东省吉县等地进行参观考察，最终确定了大力发展苹果产业的发展思路。一些群众认识不到位，思想有顾虑，徐靖华就耐心地给大家算经济账，并在会上语重心长地说："群众有疑虑在所难免，我们可以去说去解释，但是支持果林业发展的路子不能改。种地只能解决群众的吃饭问题，而栽树才是兴村富民的根本。"他个人又自行出资40余万元给村里建成3000亩20余万株的苹果种植示范园区，并成

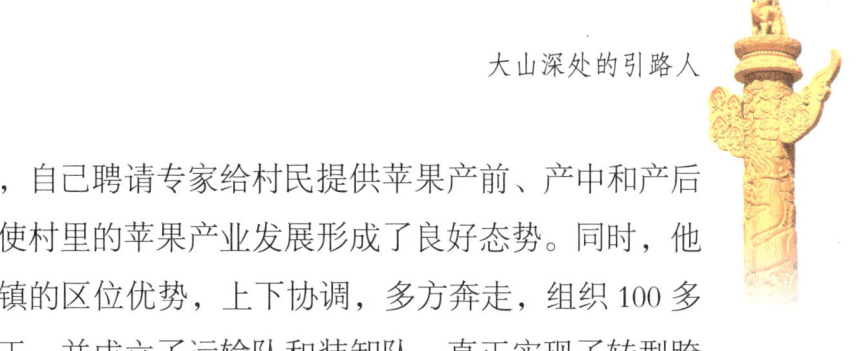

立专业合作社,自己聘请专家给村民提供苹果产前、产中和产后一条龙服务,使村里的苹果产业发展形成了良好态势。同时,他又结合煤炭乡镇的区位优势,上下协调,多方奔走,组织100多位村民外出务工,并成立了运输队和装卸队,真正实现了转型跨越发展,使全村人均纯收入由原来的4290元提高到了7800元。

重民生、办实事、促和谐

"让群众过上幸福的生活,这是我最大的心愿。"这是徐靖华常说的一句话。新农村必须要有新面貌。他从改造村容村貌入手,千方百计改善群众的生活环境,推进农村城镇化建设。他个人先后出资高标准完成了村主街以及6个自然村的街巷硬化工程,彻底告别了过去村里街道脏、乱、差和无下水道的历史;新建群众文化活动舞台,为群众开展文化活动提供了平台;完成村庄周围荒山造林绿化面积1000余亩,共栽植10万余株松树。村里成立了威风锣鼓队、老年秧歌队、青年健美操队、少年军乐队、旱船队、高跷队,进一步丰富了群众的文化生活,提高了群众的精气神儿,枕头村也率先在全区完成了新农村建设"五个全覆盖"的任务目标。这一件件实事都办到了村民的心坎上,让村民们乐在心里,喜上眉梢,村民亲切地称他为"我们离不开的好干部"。

三尺岗台上的坚守

——记临汾市侯马市公安局交警大队一中队民警周宝贵

周宝贵二十年如一日坚守在侯马人流量、车流量最大的中心岗，凭着对公安交警事业的满腔热情和对人民群众生命安全高度负责的神圣使命感，用实际行动诠释着一名共产党员的铮铮誓言。

爱岗敬业　用不变的忠诚践行诺言

"我觉得这个岗位需要我。"周宝贵是这么说的，也是这么做的。参加工作至今，他在中心岗站了20年岗，岗上的交警换了一茬又一茬，他却选择了坚守。20年来，轮换的是季节，不变的是他的身影，他成了"侯马记忆"。20年来，他始终坚持每天提前半小时上岗，打扫岗台卫生，检查交通设施。每天上班，他总要把警服穿得端端正正、警姿站得规规矩矩，两眼时刻关注着交通情况，用良好的形象影响和带动着其他民警。20年来，他几乎没有请过一天假。唯独的一次离岗，是1999年执勤时，一辆大货车违章左转弯将他撞倒，那次受伤，让他在医院整整躺了两个月。

三尺岗台上的坚守

文明执法　用不变的作风履行职责

"纠正违章先敬礼，指出违章再说理，最后敬个告别礼。"同样的动作，他坚持了20年。20年来，周宝贵到底纠正过多少次违章，连他自己也说不清楚，但是，却从未发生过一次因执法不当或其他问题对他的投诉。2011年9月7日下午5时许，市民许某驾驶摩托车晃晃悠悠通过中心岗，差点与一辆小轿车相撞，周宝贵上前执法，闻到许某身上有股酒味，随即请他下车。当看到许某腿有残疾，周宝贵将他扶到路边树下休息，告诫他："你腿有残疾还酒后驾驶，出了事怎么办？"许某趁着酒劲来来回回找周宝贵要车，又掏出两包烟，口口声声说："我没事，你放我一马。"但周宝贵就是不让他走，并且最后派了一名协勤警将许某安全送回家。

热心服务　用不变的坚持树立形象

"我从来没多想过什么，就想一句话，'有困难找警察'不能落

周宝贵（右一）护送放学的孩子过马路

空。"他在当选为侯马市首届十大道德模范后这样说。他把过往的群众和司机的需要作为自己的服务目标,热情服务了20年。2008年4月,一名醉酒男子路过中心岗时摔倒致头破血流、不省人事。周宝贵拦车将其送到人民医院抢救,并支付了押金。第二天该青年醒来后,得知是周宝贵救了他,专门送来一面锦旗,向他表示感谢。2011年元月,一位30多岁的妇女,骑着自行车带着两个大包袱歪歪扭扭路过中心岗,其中一个包袱突然掉到路上,货物四散。周宝贵看到后立即上前帮其整理,又跑到附近商店找来包装绳为其捆扎,并护送该妇女通过中心岗。20年中,扶老携幼、救死扶伤这样的事,周宝贵做了不下几百件,并两次将上级奖励他的钱捐赠给了"希望工程"和敬老院。

清正廉洁　用不变的正气锤炼本色

"重教轻罚"是周宝贵执法的一大特点,他廉洁执法,从未收过黑钱,用一身正气体现了一名共产党员的本色。2010年12月,一辆外地面包车闯红灯被其他协勤警拦截后送到周宝贵面前,因为天气寒冷,周宝贵将驾驶员请到岗亭。驾驶员一看要开罚单,立即从兜里掏出100元递到周宝贵手上,请他高抬贵手。周宝贵严肃地说:"再有急事也要遵守交通法规,如果出了事就不是一件急事了。"该驾驶员心服口服,收回钱,接受了处罚。20年来,周宝贵以自己的清白之身、廉洁之手塑造了一名共产党员、一名公安交警的良好形象。

农民致富"领头雁"

——记临汾市霍州市南环路街道办事处东湾村
党总支副书记、村委会主任巩彩平

巩彩平自2005年12月任霍州市南环办东湾村村委主任以来，认真做人，踏实做事，以事业为先，带头学习、宣传和执行党在农村的路线、方针、政策，真正发挥了一个共产党员的先锋模范作用。

"要让村民看到黄土地里也能刨出金豆豆"

东湾村有607户、2188口人，400亩水浇地，人多地少，过

巩彩平（左一）指导村民进行蔬菜加工

去以种玉米、小麦等粮食作物为主，经济效益低下，农民种地积极性不高。2008年，巩彩平得知洪洞、永济等地种芦笋帮助农民增收的信息后，带领村民十余人实地参观学习芦笋种植技术，并自掏腰包买种育苗，鼓励村民种芦笋。但由于该产品是特种蔬菜，大部分村民怕有风险，心存疑虑。为给大家作示范，打消大家的顾虑，他不顾家人反对，东拼西凑，自己先后投资200余万元，承包了300亩土地，从运城高薪聘请技术人员实地指导，开始种植芦笋，并建起了60平方米的冷库，成立了霍州市兴龙芦笋专业合作社，安排村内剩余劳力80余人。

为了生态农业产业链的延伸发展，巩彩平又鼓励村民曹会平建立起了养鸭专业合作社，注册了"康泉牌"咸鸭蛋，并通过了QS质量认证，产品进入多家超市；他带动村民巩春生投资50余万元，引进新西兰优质肉兔，成立了茂和兔厂；在他的指导下，田元平、吕元生等村民成立了养猪专业合作社。2010年秋至2011年春，他又因地制宜，以汾河沿岸万亩经济林带建设项目为契机，带领村民在村东1130亩的荒山荒坡及低产田里种植了3.8万棵优质早熟核桃树，着力打造"千亩核桃园"。2011年8月，他响应临汾市委、市政府号召，在大张镇西张垣现代农业示范园区，投资1100万元，建起了140个蔬菜大棚种植温室芦笋，解决了100余名农村剩余劳动力的就业问题。

"要让村民过上和城里人一样的生活"

村小学校舍陈旧，孩子们上学冬天冷、夏天热。巩彩平看在眼里，急在心里。于是在村集体经济十分薄弱的情况下，他同村

干部们一道广集资金、多方求助，于 2009 年 7 月筹资 137 万元，对东湾小学进行了危房改造，新建两层 1112.9 平方米的教学楼，并对学生教室、教师办公楼进行配套，改善了办学条件、教学环境。2010 年借第二轮村级组织活动场所建设的东风，东湾村支部、村委又自加压力，筹资 67 万元，新建了建筑面积 561 平方米的村级组织活动场所，配备了电脑、办公桌椅，提高了阵地标准，规范了村级活动。同时，积极修建村级文化活动广场；设立"农家书屋"，藏书 1000 余册；成立了 50 人的农民健身队，丰富了村民的文化生活；先后在村主干道种植冬青、垂柳 3000 余株，修建垃圾池 10 个，安装路灯 20 盏，美化、绿化、亮化了村内环境，改善了村民的居住条件。

"要让更多村民走出东湾，多渠道增收"

2003 年，巩彩平带领本村 34 个农民代理国家正式出版物，创办霍州市树人书店，开创了全国首例图书封闭销售模式。2007 年，他又创办了霍州市树文图书发展有限公司，组织培训了霍州籍 100 多个业务员，在山西全省 100 多个县建立销售网络，创下了年销售额 850 万元的销售业绩。为进一步宣传霍州，他连续三年协助霍州市文广新局举办了 50 余家出版商和上千名图书经销商参与的霍州市图书洽谈会，规范了霍州图书市场，提高了霍州市的声誉。

谋发展敢创敢试
抓建设倾心倾情

——记临汾市洪洞县万安镇曹家庄村
党支部书记、村委会主任王麦生

创先争优活动开展以来，王麦生团结带领全村党员干部群众，打破传统农业模式，积极调整产业结构，大力发展特色产业，加大基础设施建设力度，改善了村容村貌，促进了村民的持续增收。

加强"龙头"建设，树立先锋形象

王麦生始终把党组织建设作为头等大事来抓，明确提出村"两委"工作的目标是为村民谋福利，工作的重点是集中力度抓大事、抓难事、抓老百姓关心关注的事。他充分发扬民主，注重加强班子团结，遇事情都会征求班子成员以及党员、群众的意见和看法，不搞一言堂。在创先争优活动中，他倡导开展了"发展设施农业，打造精品园区"的主题实践活动，确立了"发展千亩蔬菜大棚基地，建设千亩生态经济采摘林区，发展高标准养殖园区"的争创目标；提出了"创一业，成一品，富一村"的集体承诺；并要求每个党员要"学一段，联一户，带一片"，受到了全村群众的一致好评。

谋发展敢创敢试　抓建设倾心倾情

优化产业结构，打造现代农业

王麦生坚持把常思惠民强村之计、铺筑兴村富民之路作为最大最重要的信念和职责，积极探索发展的突破口。他在深入调研、集思广益的基础上，为改变本村传统单一的农业生产模式，结合洪洞生态农业循环经济园区建设规划，带领支、村委一班人，突出抓好产业结构调整，大力推进科技园区、设施园区、采摘园区、养殖园区建设。2010年筹资3000余万元，成立洪洞县曹家庄康民蔬菜专业合作社；建成冬暖式日光温室蔬菜大棚225座，注册的"德运"牌系列蔬菜远销太原、西安等地；规划建设的千亩生态经济采摘园，现已种植优种桃树、葡萄3万余株；投资3000万元的一座现代化标准肉牛养殖场正在建设之中。多年来，他还倾力于发展生态农业、科技农业、绿色农业，坚持以科技支撑为依托、以食品安全为抓手，大力发展农业科技创新型企业，创办了洪洞县维民生生物科技有限公司，他积极引进人才、引进技术，运用山西大学张肇铭教授的光合细菌专利，年可生产光合菌肥、光合饲料添加剂各500吨，在种植养殖业方面大力推广应用，有效解决了食品"质"的问题。

改善硬件环境，提升幸福指数

几年来，王麦生带领村"两委"一班人，在抓农业产业化的同时，高度重视新农村建设，大力加强基础设施建设，邀请山西省城乡规划设计研究院对本村进行了新农村建设规划，制订了三

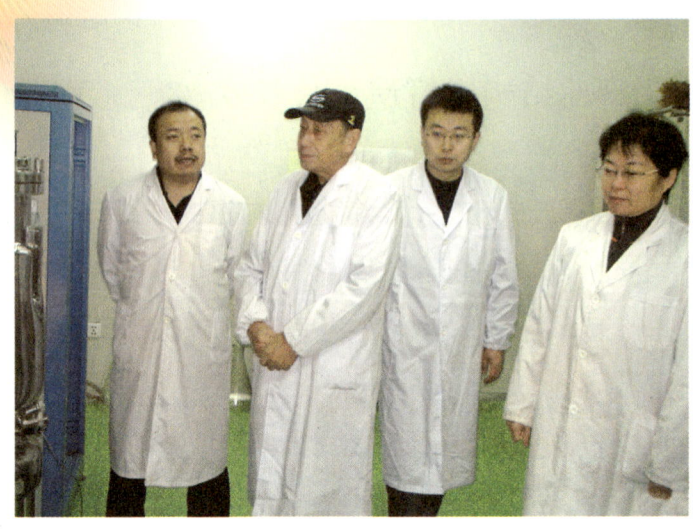

王麦生（左一）在本村企业维民生科技有限公司车间与专家交流

年实施方案。尤其在新的"五个全覆盖"工程中，先后投资300余万元对主干道路进行了硬化、绿化，投资100余万元新打深井1眼，投资30余万元安装了村内路灯，投资228万元新建了可容纳500名学生的高标准现代化教学楼。为丰富村民文化生活，新建了兴民舞台和文化广场。同时，还投资400余万元，对村内元代庙宇古迹进行了保护性重修，为保护传统文化作出了积极贡献。

弘扬奉献精神，解囊回报社会

王麦生致富不忘家乡、不忘群众，多次慷慨解囊，捐资帮扶乡邻，回报社会，体现了一个共产党员的高尚情怀。创先争优活动开展以来，他个人出资为本村小学生免费提供标准营养餐，出资70余万元新建门牌楼4座，出资20余万元举办了洪洞县曹家庄文化艺术节，还经常性资助本村贫困学生、帮扶困难老人，在群众中享有较高的声誉。

砥砺奋进谋跨越
创先争优当先锋

——记临汾市曲沃县杨谈乡党委书记杜斌

一名普通的乡镇党委书记，积极履职践诺，继承和发扬太行精神，带领全体干部群众，砥砺奋进、转型跨越，谱写了干发展、促和谐、当先锋的壮丽篇章。

强班子、带队伍，舞活龙头

群雁高飞头雁领。为了能够使全乡呈现出谋发展一盘棋、干事业一条心、抓工作一个调的良好局面，杜斌实施了"领头雁"工程。按照"政治素质高、群众威信高，党性观念强、致富带富能力强"的"双高双强"标准，选优配强了17名支部书记；采取走出去、请进来的方式，对全乡农村党员进行了全员培训。他带头讲党课，为党员干部讲政策、讲方法、谈体会。

结合杨谈实际，他创造性地制定了分类推进、分层管理、分项服务的"三法"管理模式，把服务送到农民的家门口，及时为群众排忧解难，将全乡党员打造成了一支信仰坚定、乐于奉献、敢于发展的生力军。他坚持做到了重要工作部署均通过问卷、会

议、网络等形式,征求意见、问计于民,而后查找政策、寻找依据,最后集体研究、科学决策,确保了决策的民主化、科学化、合理化。

抓调产、谋发展,奋力赶超

杨谈乡是一个传统的工矿企业乡镇,随着矿产资源的枯竭,以矿为主的工业经济,发展后劲严重不足。为破解发展瓶颈,杜斌带领乡党政班子系统地学习了山西省委、省政府关于转型跨越发展的一系列文件和领导讲话,寻求理论、政策支持;开展了"我为杨谈发展献一策"活动,广泛征求民意、集中民智。经过反复酝酿和讨论,确立了"工矿企业安全规范、特色种植多点连片、畜牧养殖升级扩面、社会事业民生为先"的发展思路。万户村支部书记畅义龙,靠矿山资源发家致富,是当地的致富能人。为了动员他投资农业和旅游业,杜斌多次登门拜访,给他讲转型

杜斌(前排右)组织技术人员加强对农民种植大樱桃的指导

发展的政策和前景,帮助设计规划。目前,畅义龙已投资 300 万元,种植樱桃 2600 亩,建成了临汾市最大的樱桃生产示范基地,同时,筹资 7000 万元开发了桥山旅游风景区,带动全村 4200 名群众走上了共同致富的道路。样板工程带来了示范效应,共产党员王海瑞筹资近亿元,建成了万头肉牛养殖基地和万只种羊繁育基地;下院村党员王小伟投资 900 万元开发荒山,种植经济林 2400 亩。全乡上下在乡党委和村支部的带领下,纷纷谋科学发展之策、涌创先争优之潮、给转型跨越之力,短短一年半,共建成干鲜果示范园区 3 个、养殖园区 23 个、农副产品加工厂 2 个,全乡农民人均年增收达到了 1600 元。

惠民生、聚民心,铸就和谐

杜斌常说:"做群众的贴心人、主心骨,是一名党员干部义不容辞的政治责任。"他如是说,也如是做。先后协调各方资金 2100 万元,提前一年全面完成了农村新的"五个全覆盖";创新社会管理,乡政府成立了"一室五中心"的"一站式"办公大厅,简化了工作程序,方便了群众办事,受到了群众欢迎;在发展设施蔬菜的过程中,他率先带头,搞调研、搞规划,进村入户做工作,与群众同吃同住同劳动、管理协调搞服务。同时要求把党员的作用发挥到一线,把党支部设在一线,把党的旗帜插在一线。2012 年 4 月,他包村联户的石桥堡村民,带着大棚蔬菜试种成功的喜悦,把一篮篮西红柿、黄瓜送到了乡党委,来分享他们共同种植的"幸福果实",真正诠释了一名共产党员、一名基层干部用真情、真心谱写的和谐赞歌!

一名乡镇党委书记的不懈追求

——记临汾市吉县东城乡党委书记李永升

人生的价值是什么，有的人把它定位在个人的安乐享受、谋取私利上，有的人把它定位在干事创业、为民奉献上……吉县东城乡党委书记李永升则把艰苦创业、勤政为民作为他的人生价值和为官之道。

上任后，李永升发现在乡村两级干部中，不同程度地存在着工作方法简单、作风漂浮、人心浮躁、正气不浓等问题，经过调研分析，决定先在"稳人"上下工夫。用他的话讲，"稳人"就是要在加强机关制度建设、强化基层支部建设、增添党员活力、激发干事创业上做文章。他先后主持制定了《党委、政府班子廉自律制度》《班子成员交心通气制度》等30多项制度，并率先带头执行，逐步形成民主议事氛围，改变了过去个人说了算的局面，极大地调动了工作人员的积极性。他要求乡、村两级干部要做到一把手带头敬业、二把手配合到位、三把手同心协力。社堤村原来是有名的"烂村子"，干部不团结，党员不活动，群众不和谐，村里不稳定。上任后，李永升便蹲点该村，走访、调研、座谈、交心，选齐配强了村级班子，健全了章程，并坚持"五化"教育管理党员，即教育经常化、管理规范化、承诺亮牌化、科技本领

一名乡镇党委书记的不懈追求

化、服务人性化，使社堤村28名党员个个都成为名副其实的合格党员。如今，社堤村也成了全县响当当的红旗村。

李永升经常讲，在一起共事是一种缘分。他经常利用空闲时间同乡村干部促膝谈心、拉家长，与同志们打成一片。心与心的交流拉近了大家的距离，原来乡机关那些年龄大、资格老、上进心不强的同志都改变了过去那种船到桥头车到站的想法，工作作风发生了变化，形成了积极向上、创先争优的良好局面。

乡里有一位老同志，五十出头，30多岁就当上了副科级，工作没劲头，家在农村，拖累大，孩子没工作，李永升便经常利用节假日，带着大家帮助干农活，并帮助他两个孩子解决了工作。这位老干部激动地说，遇到这样的好领导，不干怎行！

李永升对东城乡的干部群众关心多了，对家里关心少了；对自己的事业一片赤诚，却亏待了他的父母和妻子。他父母都是80多岁的老人，体弱多病，妻子在外地工作，他总是在忙，很少回家，孩子上小学，寄宿在父母家，他常是十天半月顾不上管家，妻子、老人埋怨，他总是说："东城太忙，需要他干的事太多，自

李永升(右)深入田间地头指导群众进行苹果种植

己人就多担待一些吧!"

东城村一位村民神智不正常,常年在外流浪,老婆孩子无法生活,哭着找到了他。李永升立即从自己刚发的工资中拿出500元帮助他,并将其确定为自己的帮扶户,想方设法帮其找回了丈夫、看好了病。在东城乡工作几年来,他不知道帮助了多少干部、多少弱势群体。

李永升知道,作为一名党委书记,最关键的是要选准做强一项富民产业、造富一方百姓。苹果种植是东城乡的富民产业,这里海拔适中、昼夜温差大,所产的苹果果形端正、果面光洁、着色鲜艳、水分充足、酸甜适中、营养丰富。为了使这一富民产业真正成为群众的摇钱树,他通过走访调研,确立了"强管理、提品质、走高端、抓营销、创特色、增效益"的产业发展思路。他把加强基层党组织建设同发展产业有机结合,先后在全乡各支部中开展了结对帮扶弱势群体活动,在党员干部中开展了"学技术、搞服务、促发展"活动,先后办起了果商之家、果农之家,在大中城市设立了营销窗口,创新推广了猪、沼、果循环经济,举办了苹果管理技能大赛、苹果采摘文化节等活动,有力地促进了全乡苹果产业的发展。2012年,全乡套袋8000万枚,可产苹果1500万公斤,预计全乡苹果收入6000万元,人均果品收入超过了8000元。

用实际行动诠释共产党员的先进性

——记临汾市蒲县黑龙关镇黑龙关村党支部书记、村委会主任范玉平

范玉平,一位最基层的干部,在农村这片广阔天地里,以坚强的党性为后盾,以强烈的政治责任感为动力,恪尽职守、竭诚奉献,用坚定的言行诠释了一名共产党员的先进性。

勤学善思、学以致用

1962年9月,范玉平出生在一户普通的农民家庭,此后的长期艰苦生活孕育了他吃苦耐劳、艰苦奋斗的意志品质。高中毕业后他担任了村里的计工员,由于认真负责、一丝不苟,很快就得到了村民的认可。由于他有文化、善经营、敢想敢干,第二年就担任了村会计。就这样,从会计到村委会副主任、主任,再到村党支部书记,一干就是30多年。

"打铁先得自身硬。"范玉平深知,作为一名党支部书记,必须具备优良的政治素质、扎实的业务能力和理论水平。为此,他充分利用业余时间和岗位锻炼的机会,系统地进行政治理论、党建知识、政策法规和实用技术的学习。2010年以来,他带领全村

广大党员干部认真学习党的基本理论和市场经济知识,围绕农村产业结构调整,四处取经,学习种植经验、养殖知识和农副产品加工技术,极大地提高了党员干部带领群众致富的本领。他时刻牢记自己是一名共产党员,时时、事事、处处严格要求自己,树立了农村工作者的良好榜样。

立足长远、开拓创新

范玉平常说:"诚心为民,民必理解;真心为民,民必拥护。"他始终坚持走田间、进家门,倾听农民诉说,关心群众疾苦。对群众总是一张笑脸、一颗热心,对群众反映的问题听在耳里、记在心上。对群众的合理诉求,总是积极协调,想方设法帮助解决。

2010年8月,他提议并组建了"党群互助班"。农忙时,"互助班"相互协助,共同劳动,完成生产任务;农闲时,"互助班"协调沟通,带领群众发展三产,增加收入;生产生活中,"互助班"

范玉平（左一）深入实地查看地质灾害情况

在技术、资金、信息上加强沟通交流合作，共谋发展。党员与党员、党员与群众取长补短、互帮互助的良好局面，推动了基层党建和农村经济的和谐发展，黑龙关村先后建成万只养鸡示范基地1座、蔬菜大棚基地1个，投资200余万元平整土地300多亩。目前，正在新建两个养鸡示范基地，年将出栏100万只。

求实苦干、敬业奉献

"在农村干工作，喊破嗓子，不如干出样子。"范玉平始终对自己高标准、严要求，时刻保持严谨细致、求实苦干的作风。过去，黑龙关村的街道坑坑洼洼、破烂不堪，成了村民致富的"拦路虎"。范玉平上任后，广泛动员群众，带头扑在工地上，仅仅用了两个月的时间，就完成了村街道建设工程，一改群众出行晴天一身土、雨天一身泥的状况。

2008年12月，范玉平一肩挑起了支部书记和村委会主任两副担子，带领村"两委"干部和广大村民通过项目倾斜、企业扶持、百姓投劳等方式，投资70余万元，对村级组织活动场所进行了加层改造，充实了办公设施和电教设备；投资140万元，新建了麻家沟文化广场和通村桥3座；投资25万元，修筑席家沟护田防水坝1200多米、东队防洪坝1000余米；投资500多万元，硬化村级巷道7万多平方米。2011年换届选举连任后，他又带领村"两委"班子成员和广大群众超前规划、率先发展，投资1600多万元，占地17.22亩，兴建阳湾村还迁安居工程，该项工程将解决黑龙关村临大线拆迁户、危房户和低收入家庭的住房问题，有效地改善村民居住环境。

无私奉献的模范
恪尽职守的表率

——记临汾市经济技术开发区党工委组织部
副部长、人事劳动局副局长陈青莲

她在组织部工作十几年，默默耕耘，甘当干部成长的铺路石。她开拓进取，勇于创新，分管的多项工作都干得很出色。她公道正派、甘为人梯，始终保持着一名组工干部的良好形象。她就是临汾开发区工委组织部副部长，陈青莲同志，一个讲党性、重品行、做表率的组工干部，一个被群众称为"贴心人"的共产党员。

勤奋工作，业绩突出

她始终把履行好工作职责作为自己的第一责任，努力克服组织部人少事多、工作任务繁重等困难，按照党工委要求，结合开发区实际，先后制定了一系列的制度与办法，并组织部署开展了全区基层组织的政治学习和党建活动等，为活跃基层组织生活、树立基层党组织良好形象，提高基层党组织的创造力、凝聚力和战斗力作出了突出贡献。

在创先争优活动中，她作为区党工委争两先创五好当先锋领

无私奉献的模范　恪尽职守的表率

陈青莲（中）组织召开临汾开发区人才工作推介会

导小组办公室主任，不仅自己积极参与活动，还精心谋划，以高度负责的态度、求真务实的作风，为带动全区创先争优活动深入开展作出了积极的贡献。她还时常利用休息时间将创先争优活动的相关资料送到年龄偏大的老同志家中，为他们讲述在创先争优活动中涌现出的优秀党员的先进事迹，帮助他们了解当前的活动情况，使创先争优活动深入到每个党员干部的心中。

作风正派，廉洁自律

她品行端正、作风过硬，与人为善、严于律己，在工作中从不计较个人名利和得失，时刻注意用自己的言行带动和影响身边的人；在生活上坚持节俭节约，当享受与奉献矛盾时，能义无反顾地选择后者，并在生活中培养积极向上的兴趣爱好，自觉抵制低级趣味。多年来，始终以党性强、作风正、工作硬的标准严格要求自己，恪尽职守，竭诚奉献，从事组织工作以来，没有拿过群众一针一线，没有吃过干部群众一顿"人情饭"。她认真负责

的工作态度、严谨务实的工作作风、爱岗敬业的执著精神,为广大党务工作者和基层党员干部作出了表率、树立了典范,赢得了领导和同事们的一致好评。

身先士卒,心系群众

2012年5月,临汾市召开了非公经济党组织集中组建推进会,陈青莲深刻地了解非公经济党组织是开发区的重要工作也是薄弱环节,她放下病重的母亲坚持参会。会议刚刚结束,家中便传来噩耗,母亲因病去世了。陈青莲忍着巨大的悲痛,坚持工作,就开发区的非公经济党组织的组建工作做了详尽的安排后才赶回家中。当别人问起她是否后悔时,她说:"我不后悔,因为我是一名共产党员,母亲在天之灵会理解我并为我感到骄傲的。"

开发区有几名离退休老干部,年龄偏大、行动不便,陈青莲经常去老干部家中帮助他们做些家务事,为了保证他们的医药费和慰问金能够及时准确地发放到他们手中,陈青莲每次都先行垫付资金,并不辞辛苦,亲自去10公里开外的社保机构为他们完善手续,老干部都说她是"群众的贴心人"。

这就是一个普通平凡、脚踏实地、立场坚定、信念牢固的组工干部,她以自己忠贞的信念、宽阔的胸襟、无悔的言行,不断展现着一名共产党员的良好形象。

永无止境的追求

——记山西新临钢钢铁有限公司炼钢厂冶炼车间主任吕斌

参加工作 20 年来,吕斌始终坚守在企业生产第一线,立足岗位、甘于奉献,充分发挥了一名共产党员的先锋模范带头作用。

关键时刻敢担当　创新管理解难题

2007 年 11 月,正当冶炼车间加紧开发新品种、冲刺降本增效新纪录的关键时期,原车间主任因工作原因调离,吕斌临危受命,担任了冶炼车间主任。面对 200 余人的车间,面对近于苛刻的降本增效指标和快节奏的生产组织带来的管理难题,他没有畏难退缩,而是变压力为动力,大胆创新管理,在提高技术质量和严控炉料消耗方面寻求新突破。他与技术员一起,不分昼夜,跟班作业,大量收集各项技术指标和管理数据,借鉴同类企业先进经验,经过反复实验、论证总结出的操作法有效破解了中碳钢开发中的疑难问题,为现场操作提供了准确的技术操作依据,实现了中碳钢冶炼工艺的稳定,为公司品种开发工作作出了突出的贡献。

功夫不负有心人　降本增效创佳绩

2009年以来，受国际金融危机的影响，钢铁企业出现了大面积的亏损，降本增效工作成为炼钢生产的重中之重，关系到企业的生存与发展。他精心钻研、悉心琢磨，相继推出多项新举措：在生产中推进精细化操作，实行窄成分控制；制定成本分析制度，当班分析、及时改进；狠抓对标挖潜，奋力赶超先进。同时，他发动车间全体职工，开展车间"全员成本控制劳动竞赛"，充分调动职工群众的积极性和创造性，终于打赢了这场降本增效攻坚战。2009年实现吨钢成本降低16.6元，增效500余万元。2011年，针对铁水成分波动大、冷料不足、限电、限产等实际困难，他又迎难而上，打破常规，优化炉料配比，预先掌握原材料信息，及时调整、优化生产组织，克服诸多不利因素的影响，实现了吨钢成本降低1.85元，为公司增创效益220余万元。

吕斌（右）在车间指导工人生产

永无止境的追求

紧要关头显本色　带好队伍创和谐

2011年,因工作需要,冶炼车间先后有近30名生产操作骨干被抽调到美锦钢铁公司工作,车间党支部书记也在其中。关键岗位人员的大变动,造成炉前人员紧张,给正常稳定生产带来很大困难。就在此时,厂党委让吕斌负责冶炼车间党支部的工作。他深知自己肩上担子的分量,"企业的需要就是我的责任,决不能辜负组织的信任"。他沉着冷静、积极应对,把思想政治工作融入车间的管理,和班子成员一起同党员、生产骨干面对面交流,在车间组织开展多种形式的思想教育活动。他经常放弃节假日休息时间,跟班作业,多次亲自授课讲解,做好传、帮、带,用党员干部的模范行动引领、带动身边职工,稳定了人心,也保证了生产的稳定。

严于律己强党性　真心为民树形象

吕斌清正廉洁、秉公办事,用自己的一言一行树立了一名党员干部的良好形象,为车间职工作出了表率。他注意提升自己的综合素质,通过刻苦自学,2010年取得了中国质量协会六西格玛黑带资质,并被劳动和社会保障部授予钢铁行业职业技能竞赛国家级裁判资格,为单位各项经济技术指标的完成提供了技术支持和管理支撑。他团结同志、关心职工、真心为民,经常利用节假日等休息时间到职工家中访贫问苦、促膝谈心,时刻把职工的冷暖放在心上,尽自己所能,为他们办实事、解难事、做好事,赢得了全体党员和广大职工的充分信赖和支持。

为了父老乡亲的期望

——记大学生村官，运城市万荣县万泉乡
杨家垛村党支部书记郭丽

"……参加工作以来，最深的感受就是，农村真穷，农民真苦，他们渴求的、期望的太多了……不仅是文化、科技，更需要的是和他们能"说到一起"的贴心人……尽管这几年我一直都在努力做，但还很不够……"

——摘自郭丽的博客

郭丽，一个"80后"的女孩，一名普通的大学生村官，用自己的青春在农村这片广阔的天地中找到了实现自己生命价值的道路——为了父老乡亲的期望。

沉着善谋，一心为民

2012年，万荣县委、县政府提出了苹果园大间伐大改型，提高品质的新举措。举措虽好，可时间不合适，杨家垛村的1100亩果树正处盛果期，马上就要收获，这时候要实行"间苗"或"计划生育"，没人想得通。怎么办？郭丽感到了从未有过的压力和犹豫。郭丽赶回杨家垛村的时候，已经接近晚上10点了，村

为了父老乡亲的期望

郭丽（左）与本村残疾老人谈心

委会主任杨少蕴和其他"两委"成员正在家等着她。大家一合计，决定为了老百姓长远的利益，这果树必须改。先建示范园，组织果农参观，再请本村改型早、已收益的专业户亲身谈体会，用鲜活的事例打动大家，帮群众将思想上的疙瘩解开。决策一定，立即行动，很快，200亩的示范园建立起来了。同时，郭丽又和村"两委"成员多方筹集资金50万元，新打450米深的水井一眼，成立庆丰果品专业合作社。在她的感召和带领下，在果树专家的具体指导下，全村的果树统一进行标准化修剪，提（树）干一次到位，落头一次到位，疏枝一次到位。据测算，改型的果园每亩可增收2000余元，全村1100亩果园可增收200万元以上。

以村为家，奉献青春

杨家垛是个只有581口人的小山村，她在担任村官和党支部

书记5年间，走遍了每一家农户，村里的大人小孩都认识她、了解她。杨家垛村距郭丽的娘家不到5公里，但她却很少回去住。丈夫在稷山县打工，稷山的婆家她也难得回上一次。确实，她实在太忙了，乡里事、村里事纠缠在一起，常常使她废寝忘食。

她把每一户村民的情况都仔细地录入档案，并把牛凤枝、杨映来、杨笃贵三位老人作为自己的帮扶对象，逢年过节上门探望，抽闲补空和老人们聊家常。留守儿童杨如新、杨永豪、杨可心的父母常年在外打工，三个孩子只能和爷爷奶奶在一起生活，郭丽了解情况后，给他们送去学习用品，还当起了辅导老师，三个孩子非常喜欢这位大姐姐。

在杨家垛党员干部眼里，郭丽是他们的好班长。她走进每个党员干部的家里，走遍每个党员干部的田间地头，和他们谈党性、谈素质、谈效能、谈杨家垛村老百姓的生活、谈村里的经济发展……

几年来，她已把自己当成杨家垛的一员，村民的喜怒哀乐都牵动着她那颗年轻的心。为了丰富村民的文化生活，她自费购买光盘，教村民跳健身舞；利用村广播播报时事新闻；村里建起"农家书屋"，她和管理员一起分类编书，忙到深夜。村里的红白喜事，她总是第一时间赶到，和村民一起帮忙料理……在众多的村民眼里，郭丽不但是村官、书记，更是他们的亲人。

为乡亲蹚出一条致富路

——记运城市稷山县蔡村乡郝壁村党支部书记李姣果

一位年过半百的退休职工,在趋于平淡的晚年生活中她选择了再挑重担,以她的胆大心细、精明强干、公正廉洁、无私奉献赢得了村民的认可,为乡亲蹚出了一条致富新路。

勇挑重担,迎难而上

2011年11月,郝壁村"两委"换届时,55岁的李姣果以全票当选为村党支部书记。来不及庆祝,来不及回味,因为她上任后面临的是一个烂摊子。

郝壁村干部队伍老化,村级组织瘫痪,集体经济薄弱,是远近出了名的落后村。村中地下水管年久失修,破损严重,农田灌溉没有配套深井,千余米的主街道路灯常年不亮,街巷道内垃圾成堆,村民文化娱乐活动贫乏……面对这样的现状,朋友们劝她:"你家住在县城,老公有正式工作,你自己又有退休金,又何必去蹚那浑水,受那样的苦?"丈夫也劝她:"不要那么辛劳,老了过个清闲的日子多幸福呀。"面对亲朋好友的婉劝,她也曾有过踌躇,但一想到村民期盼的目光,想到乡党委和全村党员对

李姣果（中）与村民一起清扫巷道

她的信赖，她就决定要铁下心，接过这个烂摊子。

"不能让村里的老百姓再过这样的日子了，我一定要当好这个支部书记，为村民们办几件实事。"李姣果的话，为这个乱了十几年的村庄点燃了希望之火。

一心为民，排忧解难

"村干部只有心里装着群众，把群众关心的热点难点问题解决好，才能得到群众的真心认可。"李姣果是这样说的，更是这样做的。

上任伊始，李姣果就主动带头捐出个人积蓄3万元，并多方筹集资金10万元，为解决村民最关心的民生问题找到了突破口。在她的带领下，村民下大力气整治环境卫生，对村内堆积多年的垃圾进行了清理，摆放了37个垃圾池，确定了垃圾填埋场，成立了专门环卫保洁队，形成了环境卫生长效机制。

上任半年多来,她解决了村民的吃水问题;带领村民检修了路灯线路,让 50 余盏路灯恢复了照明;硬化了全村大街小巷和通村公路 2 万余平方米;组织村里的老艺人成立了"同乐会",为村民唱土戏、唱红歌、举行歌舞表演,丰富了群众文化生活。经过这么一番大刀阔斧的改革,村容村貌焕然一新,村民们干事创业的热情被点燃了。

真抓实干,调产富民

郝壁村远离县城,发展农村经济缺乏区位优势、交通优势,村里唯一的资源就是大片肥沃的土地,如何立足现实带领村民加快致富步伐?

2012 年春节刚过,李姣果就和支、村委一班人认真研究,决心乘稷山县大力发展板枣产业的东风,在村里重新种植板枣,让耕地亩效益由现在的 1000 元提升到 4000 元。经一家一户耐心劝说,大多数村民同意了支、村委枣粮间作的调产思路。目前,郝壁村已栽植板枣 1000 余亩。

不仅如此,李姣果还大力发展养殖业,计划在村边荒沟里先动员几家养上五六百只羊,等积攒下经验后再带动村里更多的人一起养羊。

如今,步入郝壁村,看到已经硬化好的街巷道路干净整洁,地里新栽的板枣长势良好,晚上能听到村民们组织的戏班子正在紧锣密鼓地排练着《山村母亲》……

创业者之歌

——记运城市空港新区管委会主任李明造

在中华文明摇篮的河东大地,生活着一个被省、市领导赞扬会干事、能干事、干大事、干成事,被老百姓称赞"好干部、贴心人"的共产党员,他就是运城市空港新区管委会主任李明造。

肩负使命,义无反顾

2001年1月8日,运城市委、市政府组建运城民航机场管理局,当时只任命李明造一个人为局长,钱无一分,地无一亩,房无一间。他从机关基建处借了5万元,带了4个临时工,怀揣一张任命书,在远离市区12.5公里的张孝村一头扎了下来,开始了艰难的创业之路。因为没钱设计,他四处寻求银行贷款;因为没钱征地,他发动员工四处无息集资。他彷徨过、气馁过,但从来没有想过放弃。皇天不负有心人,终于被他找到了一条可行之路——利用日本人留下的旧机场,通过开发,筹措资金,建设新机场。他不仅为机场筹措了8000多万元资金,建成了一流的支线机场,还建成了一座现代化、园林式的机场工业园。2007年1月23日,国家民航总局在空港召开了全国中小机场建设座谈会,重点推广了运城机场及机场产业园建设经验。

创新理念，筑巢引凤

2005年2月7日运城机场通航后，运城市委决定成立运城市空港新区管委会，要求民航局工作重点转移，全力抓好空港新区开发建设和管理工作。他在张孝机场科技产业园建设的基础上，又重新确立了"以城市理念搞开发，以沿海速度搞建设"的新思路，先后建成了五纵五横80米宽、38公里长的主大街，两座铁路立交桥，一个3200亩的森林公园，一座五星级度假村大酒店，一栋2.3万平方米的创业大厦，一个设备一流的空港医院，两个11万伏变电站，三个集中供热供气站，水、电、暖、气、通信、宽带、绿化、亮化一应俱全。运城市最好的小学、初中、高中全都搬到了空港新区。2006年，全市人民投票评选运城十大名片，空港新区就荣获两个，一个是全国重点高中——康杰中学，一个就是运城机场。

李明造（前右一）带领各部门负责人深入工地调研

帮民为民，亲民惠民

这几年，在空港新区刚刚创业，财力还十分紧张的情况下，他不忘群众，立志要让失地农民祖祖辈辈、世世代代，永远享受开发成果。先后拿出1亿多元，做到了村组干部工资化，居民组长每月200元，支、村委副职300元，主干500元；养老补贴终身化，失地农村60岁以上老人，每人每年1200元，直至谢世，普通农民再延发一年，村组干部再延发3至5年，从2012年起，该项补贴又提高到每人每年2400元；学生补助普及化，失地农村小学生，每人每年补助300元，初中生500元，高中生1000元，大学生一次性补助1万元；特困救济制度化，每年春节前后，都对生活相对困难或天灾人祸户给予救济；用地反哺长期化，从2007年起，按征地时间顺序和征地亩数多少，对失地群众进行现金反哺，五年一轮，循环往复，源源不断，让失地群众永远过上幸福生活。

党建新路上的老兵

——记运城供电公司党委书记、副经理吕家柱

如何将党建工作与企业发展紧密结合？如何以优质电能服务人民群众生产生活？吕家柱将党的方针、路线、政策与国有企业改革发展紧密结合，突出"五强化"、实现"五提升"，走出了一条国有企业党建工作的新路。

强化思想建设，提升政治素质

吕家柱创造性地提出"三级联创、四建并举"的党建工作法。"三级联创"就是在公司本部、基层单位和班组站所三个层面同时开展创建活动，形成了团队学习、全员学习的浓厚氛围。"四建并举"就是建立共同愿景、学习阵地、考评体系和激励机制。他借助名校教育资源，创新培训形式，与清华大学联合举办了3期中层干部领导力提升研修班，组织30余名中层干部分别参加省公司和市直工委举办的专题培训。在他的带领下，公司党委中心组集中学习制度和党员"三会一课"制度得到全方位落实，2011年党委中心组共印发学习资料25期，集中学习13次，举办4期大党课，受教育达2400余人次。

强化队伍建设,提升专业素质

在队伍建设方面,吕家柱紧紧抓住建设坚强智能电网、构建"三集五大"体系和创建"四好"领导班子三条主线,突出生产经营、专业技能和优质服务三大主题,实施了员工素质提升工程。他大力推进全员教育培训和全员绩效考核,健全和完善了培训、考核、使用、奖惩、待遇一体化工作机制。组织开展了城市配网带电作业、财务集约化、基建工程施工、运行专业理论考试等专业培训,举办专业技术比武、技能竞赛、岗位练兵等活动,建立了一支综合素质高、专业技术精的专业人才队伍。

强化作风建设,提升文明素质

为全面提升员工文明素质,吕家柱明确党风廉政建设、企业

吕家柱在变电站查看设备运行情况

文化建设和精神文明建设三项重点，采取强力措施提升队伍文明素质。先后组织两期220余名中层干部参加警示教育培训；组织行风监督员代表进行两次明察暗访，核实处理各类行风投诉26件。他将企业文化建设贯穿于公司发展的全过程，举办元宵节社火表演、迎国庆羽毛球比赛、组织参加全市广播操比赛和迎接建党90周年歌咏比赛等系列活动，营造出了和谐共赢的良好氛围。

强化创先争优，提升服务水平

吕家柱与班子成员科学制定排灌负荷分配方案，优先保证尊村、夹马口、大禹渡等引黄灌溉区的电力供应，成立138支抗旱保电党员突击队，帮助群众维护用电设备，满足抗旱用电需求。他多次到北赵引黄、银湖制药、雪花啤酒、市中心医院等重点项目现场办公，及时解决送电过程中的困难和问题，确保每项重点工程都能按期送电。在闻喜、三家庄变电站大检修工作中，他组织全体党员开展"三亮三比"活动，激励广大党员在攻克技术难关、学习新技术、掌握新工艺等方面想在前、走在前、做在前，展现党员风采。

强化人文关怀，提升和谐氛围

吕家柱经常深入基层与员工群众面对面交流沟通，引导广大员工以稳定的思想、积极的心态、饱满的热情推动公司发展。他关心关爱员工，多次慰问困难员工、全国劳模和离退休人员，共慰问297人，发放慰问金76.2万元。

真抓实干结硕果
科学发展谱新篇

——记运城市建筑工程有限公司常务副总经理王立平

多年来,王立平扎根生产经营一线,刻苦钻研,埋头苦干,积极进取,用自己的青春和汗水,依靠苦干实干的精神,创造了优异的业绩。

逆势而上,奋力而为

2011年以来,面对建筑市场低迷、国家宏观调控力度持续增强以及建筑行业竞争激烈等不利局面,他审时度势、积极思考,创新工作、迎难而上,对内狠抓经营管理、降本增效,对外积极开拓市场、拓展空间,使公司的生产经营工作逆势而上,实现飞跃。2011年公司承揽工程任务达10.2亿元,实现利润205万元,上缴国家税费突破3000万元。2012年上半年,公司承揽工程任务4.53亿元,完成施工总产值2.83亿元,实现利润112万元,上缴国家税费1100万元,各项经济技术指标均实现时间过半、任务过半,呈现出稳步提升的良好发展态势。特别是大力实施"走出去"战略,拓展山西太原、陕西西安、海南三亚等地市场,

真抓实干结硕果　科学发展谱新篇

王立平（左二）在工地查看钢筋绑扎施工情况

房产开发实现有序推进，东城信合小区工程建设全面展开。公司连续12年荣获"山西省优秀建筑企业"称号。

质量为先，安全为天

质量是企业的生命，安全是效益的保障。在日常的生产管理中，他始终坚持把质量安全放在首位，组织实施整合型管理体系和优质品牌战略，狠抓工程质量安全和现场文明施工，认真贯彻落实国家相关法律条例，推动公司安全生产管理工作迈上新台阶。2011年以来，他先后组织公司职能部门深入工地进行质量和安全检查达100余次，下发整改通知60份，进行安全考核培训4次，提取奖励基金200多万元，奖出120万元。在他的引领下，公司上下齐心协力抓质量安全，公司上百个在建项目，未发生一起重大安全事故，实现了安全生产和安全发展。公司的质量安全工作得到上级主管部门的充分肯定，7个工地被省、市建设主管部门授予"安全标准化工地"称号，申报市"关公杯"7项，申

—221—

报省优工程奖 3 项，质量安全工作走在全市同行业前列。

苦练内功，强基固本

制度是企业管理的法宝。为了真正实现"有制度可依，有制度必依"，他组织公司各系统对 30 余项内部管理制度进行了全面修订和完善，使每一项制度都更加符合公司发展实际、更具操作性。同时，他狠抓制度落实，通过不断深入检查督导，确保各项规章制度得到全面贯彻落实。尤其是全面强化规范项目人员、成本、材料和安全文明管理，加大各分公司年度经营情况审计稽核工作力度，最大限度防控经营风险，使公司内部管理向精细化、制度化、规范化迈出坚实步伐。

人才强企，升资兴企

他大力组织实施"人才强企"战略，积极创新人才开发机制，加大内部人才培养力度，加强紧缺人才引进工作，严格推进全体员工年度考核末位淘汰制度，全年招录各类专业技术人员 50 余名，使公司高级工程师、注册建造师、注册造价师、监理工程师和一线项目专业技术人员数量大幅递增，人才储备不断丰富。为提升公司的市场准入资格，他带领经营部全体同志，准备相关资料，联系相关部门，成功完成了建筑装饰资质晋升专业总承包一级工作，并完成了市政资质燃气、桥梁、隧道增项工作，为公司在更广的领域参与竞争奠定了坚实的基础。

弘扬关公文化的领军人

——记运城市解州关帝庙文物保管所所长卫龙

关公文化名扬海内外,但作为关公文化的发源地和集散地的解州关帝庙发展却总是不尽如人意。"重保护,轻利用""重活动,轻营销"的思想长期桎梏了景区的深入发展。2004年11月,卫龙临危受命,担负起解州关帝庙文管所所长这副担子。他立足关公文化品牌,充分发挥关公文化资源优势,开创了关公文化旅游产业不断发展的新局面,实现了社会效益和经济效益的双丰收。

翻天覆地的变化是他最好的回报

经过几年来的不懈努力,景区面积由原来的不足百余亩,扩大到340亩,客流量、经济收入不断攀升,年增长率都在22%以上。2012年第一季度,更是开门红,客流量、经济收入增长了26.18%,走在全市乃至全省的前列。他主持建设了一座古朴别致、奇石罗布、佳木葱茏的占地130亩的北方古典御园。御园建设期间,他跑项目、找资金、守工地,其中的辛酸,只有他自己体会。景区的基础设施不断提档升级,生态停车场、景区游步道、游客服务中心、景区连接道路、大型演艺中心频频亮相,让人耳目一新,流连忘返。

日益繁荣的景区文化让他倍感欣慰

四月初八的古庙会始于宋徽宗时期,"关帝巡城"曾是古庙会期间的重要内容。2006年,经过他的精心策划,中断近百年的"关帝巡城"重现解州古镇之中;"武圣杯"跤王争霸赛,则让国内外游客信众近距离地感受到了关公文化的风韵和魅力;每年农历六月二十四关帝诞辰纪念日推出的系列文化活动,更是吸引着成千上万海内外游客信众踊跃参加。国际关公文化旅游节于2010年被评为中国"十大人物类"节庆活动之一。河东民间艺术绝活每天在御园上演,在海内外游客心中引起了强烈震撼。各种文化活动的举办,提升了解州关帝庙景区品位,也极大地提高了运城面向国内、面向世界的知名度。

运城市解州关帝庙文物保管所所长卫龙(左一)

接踵而来的荣誉催他更加奋进

　　景区先后被评为"国家 AAAA 级景区""山西省十佳旅游景区""山西十大文化品牌"。2008 年 6 月,"关公信俗"被评为国家级非物质文化遗产。2010 年,景区被山西省委、省政府列入"3+1"旅游发展扶持项目。2011 年 12 月,景区被山西省委、省政府授予"文化产业发展先进单位"称号。如今,解州关帝庙景区已成为海内外游客、信众来运观光旅游祭祀朝拜的首选。荣誉使他欣慰,但不能让他驻足,他有他自己的打算,他要实现使景区达到 5A 级目标的宏伟蓝图。他主持编制的《解州关帝庙整体保护规划》和《常平关帝庙整体保护规划》已报经国家文物局批准通过,为关帝庙景区发展争取到了上亿元的宝贵资金,也必将为景区长远发展注入不竭的动力。

　　一步一个脚印,他还在不知停歇地向前迈进。一步一个台阶,古老的解州关帝庙将以焕然一新的面貌呈现在世人的面前。

亲民爱民的"阳光警察"

——记运城市河津市公安局僧楼派出所指导员毋刚石

在长期的基层公安工作中,毋刚石始终牢记立警为公、执法为民和全心全意为人民服务的宗旨,自觉践行忠诚、为民、公正、廉洁的当代警察核心价值。

工作以来,毋刚石积极创新农村社区警务战略,建立网上警务室,摸索总结出学校安全教育"五个一"工作法、"民警主动走访寻找矛盾化解工作机制"、调处化解群众矛盾纠纷"6+2"工作法及帮助教育刑释解教人员及治安高危人群回归正常社会生活的"阳光帮教活动"等工作法,有效化解了矛盾、促进了社会和谐稳定。

心系百姓,真诚为民

"只有把群众当亲人,百姓才会把你当贴心人。"毋刚石是这样说的,更是这样做的。辖区村民张群法是个残疾人,在上农村养老保险核对户口和身份证时,发现自己的出生时间有误,如果不更正,将要多缴4年的农保费用。了解情况后,毋刚石热情地帮他查找原始档案、垫付费用,并把变更后的新户口簿送到张群

法手中，还主动要求跟张群法结为帮扶对子。从此，张群法每当遇到不顺心的事，都会想到毋刚石，大到家庭矛盾，小到儿子学习，毋刚石都会想方设法予以帮助。张群法高兴地向朋友们说："我有一个警察兄弟。"2010年农历腊月二十八，张群法携儿子来到派出所，鸣鞭放炮，给毋刚石送来一副春联，上联"走千家爱播桑梓警民乐"，下联"访万户情系乡村鱼水欢"，横批"阳光警察"。

主动防范，创建平安

在多年的基层派出所工作中，毋刚石认识到，发案好比患病，破案好比治疗，治疗再及时再彻底，也比不上刚开始就不得病，事后惩治只能治标，真正治本还需从事前预防着手。他利用业余时间，先后撰写了30余万字的安全防范宣传材料，拿出用来买房的5万余元积蓄，编辑出版了《居民安全防范常识》《学生安全防范100问》《学校安全法律法规及警示教育案例汇编》，共计8万余册，免费发放到各个社区、村庄、学校。近年来，他累计为农村学生、群众、企业员工举办法制和安全教育讲座180余场，13万余人次受到教育，形成"人人讲防范，户户保安全"的良好氛围。

汶川特大地震发生后，为了帮助灾区群众在特殊时期开展安全防范工作，毋刚石拿出积攒的1万元工资，编印《地震灾区群众安全防范常识》1.1万册，于2008年7月2日赴灾区送到公安部抗震救灾四川前线指挥部，给受灾群众面授安全防范知识。

毋刚石在河津中学为学生发放校园安全提示卡

化解矛盾，构建和谐

农村各种矛盾纠纷如不及时调处，往往会引发民转刑案件和群体性事件。为此，毋刚石把调处矛盾、化解纠纷当作服务群众的一项重要内容和职责。2007年12月26日，毋刚石在北原村走访时，了解到村民杨某因宅基地问题，与邻居存在矛盾，准备进行上访。了解情况后，毋刚石立即进行调查，深入6户邻居家中挨门逐户做工作、讲道理，经过6天的反复耐心工作，终于和解了此项纠纷。毋刚石走到哪里，就把"民警主动走访寻找矛盾化解"的好做法带到哪里。2010年7月5日，毋刚石在辖区北方平社区走访时，得知张某和蔡某在前几年经营铁厂时欠董某1000元工资，董某多次讨要都没结果。董某家经济困难，找毋刚石帮助解决。他经过3天的说服工作，成功地调处了这桩拖欠8年之久的工资纠纷。董某接到1000元拖欠工资时动情地说："警察就是我能靠得住的娘家人。"

情系城建志不移

——记运城市经济开发区建设局副局长张光焰

张光焰自参加工作以来，始终以共产党员的标准严格要求自己，兢兢业业、埋头苦干，创新管理、提升服务，高标准、高效率完成领导交办的各项工作任务。

暴雨袭来时
他奋战在防汛一线，血洒清泉路

清泉路是开发区建设局2008年重修的，整条路上所有的下水道口，张光焰闭上眼睛都知道在哪。2011年7月3日，上午9时左右，继前一天晚上的倾盆大雨后，又下起了大雨，清泉路上一片汪洋。得到消息后，强烈的责任感促使张光焰一边迅速赶到清泉路撬开下水道盖加速排水，减轻雨水进入商户的压力，一边通知办公室相关同志携带雨具赶到排水现场。在观察完水泵是否正常排水后，他冒着大雨一处一处撬下水道盖，当撬到清泉路和安昌街交叉路口一处下水道盖时，因脚下打滑摔倒在漫过膝盖的水中。他挣扎着站起来，右手已是血流如注。局办主任马肖雄赶到后不顾一切开车急送张光焰到医院。途中，因失血过多，身体壮实的张光焰已晕厥过去两次。经医院拍片诊

断,他的右手食指、中指不完全离断,须立即进行手术。3个小时的手术结束后,主治医生告诉张光焰家属,后期还需要进行二次植皮手术。当同事去看望他时,他沉稳地、憨厚地、不假思索地说:"没什么,这是咱应该做的。"平凡的话语彰显着他强烈的责任感和对开发区的深情厚谊。

矛盾出现时
他坚守在协调一线,力推项目工程加快建设

近年来,开发区大力实施项目建设,在"三纵三横"的道路框架内布局了大量项目,并形成了新型工业园区、总部经济基地、商贸物流中心三大经济板块,主导产业不断发展壮大。可是,在项目推进过程中,赔青、迁坟、用水、用电、用工、用料等等,都是影响工程进度的重要因素,张光焰受命参与协调方方面面的主要工作。在河东街延长线和安东路工程建设中,为协调工程用地,他利用自己是当地人的优势,广泛联系亲戚朋友,联系南街村主任和村组长,凭着耐心在村主任和村组长家门前没黑

张光焰（右二）深入施工现场一线查看建筑安全质量管理工作

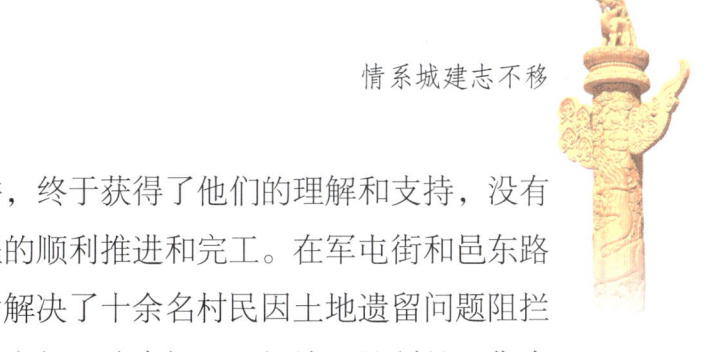

情系城建志不移

没明地等、三番五次地讲,终于获得了他们的理解和支持,没有把矛盾上交,保障了工程的顺利推进和完工。在军屯街和邑东路中段建设工程中,他先后解决了十余名村民因土地遗留问题阻拦工程车辆以及军屯村杨某夫妇因赔青问题阻拦施工的纠纷。作为每个工程项目的副总指挥,他每天都坚持奋战在施工一线,认真沟通协调,严把工程质量关,确保工程高标准顺利完工。

质量安全检查时
他不放过一丝一毫,确保安全形势持续稳定

建筑市场质量安全一贯受到开发区领导的关注,为抓好开发区建筑市场质量安全工作,张光焰带领队伍,按照"零死亡、无群伤、低损失、少事故"的管理要求,加大检查力度,增加检查频率,不留死角,不留盲区,不放过一丝一毫的隐患,不放过每一个工程项目,确保工程质量和安全。多年来,开发区未发生一起安全生产事故,建筑安全管理工作得到了运城市住建局和开发区的一致认可。同时,他组织重点巡查和打击扰乱项目建设,随意取土、倒土、倒垃圾的行为,并组织清理乱倒的建筑垃圾,不断地净化建筑市场环境。更值得一提的是,在实践中,他提出在每个施工现场设置安全监督岗,建立健全了安全监管网络,明确了职责和标准。此举极大地拉近了建设管理部门与服务对象的距离,形成了合力,有效地促进了各项工作的顺利开展。

一个优秀党员的为民风采

——记运城市夏县裴介镇大吕村党支部书记张国庆

张国庆自2005年11月担任裴介镇大吕村党支部书记以来，以爱党之心、为民之情，奋力赶超、创先争优，带领全村人，一步步走上了文明、和谐、民主、富裕的道路。

寻找致富新产业

大吕村地处裴介镇中心地带，全村15个村民小组，近4000口人，3860余亩耕地，是一个以生产小麦、棉花、玉米为主的纯农业村。由于严重缺水，农业产量不高，农民投入大而收入少。多年来村民一直徘徊在温饱线上，村里的各项基础设施建设也严重滞后，村民的幸福指数与邻村的差距越拉越大。

2005年11月，张国庆任党支部书记后，带领支、村委一班人跑市场、搞调研，立足村情，积极寻找致富产业。向有关科研院所请教咨询后，他先后奔赴寿阳、汾阳等地进行考察，并召开党员干部和群众代表大会，结合村情实际，讨论比较考察结果，确定了发展优质薄皮核桃这一调产思路。而对栽植核桃树，不少群众有顾虑。针对这一状况，张国庆和村委主任张忠义一方面派专人到汾阳选调优质苗木,一方面号召党员和村组干部带头搞示范种植。村民打消疑虑后,纷纷行动起来。从 2009 年到现在,全村已发展优质薄皮核桃 3000 亩。为了促进核桃这一主导产业的健康发展,张国庆审时度势,组织成立了核桃发展合作社,及时为核桃栽植户提供化肥、农药、技术等方面的全程服务。

精心打造园林村

大吕村自 1985 年大规划以来,占新不腾旧、乱搭乱建、违规越界的现象依然十分严重,导致全村大街小巷道路不通、流水不畅,邻里之间矛盾重重,村容村貌破烂不堪,群众怨声载道,反响强烈。昼夜难眠的张国庆经过慎重考虑,为使工作尽快打开局面,他决定首先拆掉弟弟张国峰的房子。张国峰含着眼泪花钱雇人把房子拆光这件事在全村一传开,所有的拆迁户都十分感动,纷纷动工拆房,使拆房通路工作按期完成。大街小巷通畅了,接下来的道路硬化工程,张国庆白天到现场亲自坐镇指挥,解决突发问题,晚上汇总进展情况。经过两年的艰辛努力,投资 260 余万元的"三横两纵" 5 条大街和"十四横九纵" 23 条小巷,共 10 万余平方米的道路硬化工程终于竣工。

来不及喘口气,打造园林村、绿化巷道的工作又拉开了序幕,张国庆先后筹资 12 万余元,按照"统一设计规划,农户分段挖坑,组织专人栽植"的办法,共栽植国槐、雪松、樱花、紫叶李等苗木 2.2 万余株,完成了大街小巷 2 万余米的绿化、美化工程。同时,建设了农民文体活动广场和街心公园。在主大街安装了 120 余盏路灯。同时他又积极争取交通部门支持,筹资 140

张国庆（中）入户宣传惠农政策

余万元，动用土石方 8565 立方米，硬化了该村通往小吕、朱吕两个村的环村道路。

民主管理促和谐

在强化党支部战斗堡垒作用中，他首先对支、村委一班人实行了目标化管理。每年年初，每个干部都要制定工作目标，分工明确、责任到人、分头实施，并定期组织党员和村民代表进行评议。其次，实行了干部规范化管理，制定和实施了《党支部、村委会工作规范》《党支部和村委会联席会议议事规则》及《村委会向党支部报告工作制度》，使支、村委干部有章可循。第三，进行民主化管理，健全了"两会三制"、民主管理、自我约束机制，推行了"四议两公开"制度。全村集资 200 多万元用于道路硬化时，他组织成立了一个由 4 位老干部组成的理事会，由他们全权负责进料把关、质量验收、财务公开等事宜，受到村民的一致好评。

敬业奉献的光辉典范

敬业奉献的光辉典范

——记吕梁市石楼县灵泉镇薛家垣村支部书记梁宝

1984年,25岁的梁宝担任了灵泉镇薛家垣村党支部书记。28年来,他用自己的实际行动践行了他上任之初的诺言,体现了一名共产党员的纯真本色。

"真有为老百姓办实事不要命的"

2010年10月,积劳成疾的梁宝在修路工地当场咳血,呼吸困难。在薛家垣村下乡扶贫的汾阳医院的同志们要求他立即住院治疗,但他硬是没听,只在医院输点液就再次去了工地。直到实在挺不住时,去医院一查,已是肺癌晚期。

这是梁宝第三次给村里修路了。第一次修路把村里的羊肠小道变成机动车路,村里从此能开进小型车、能用上农机具了。但因修路,梁宝自己的庄稼是雇人收的。

第二次修路县里只给了6.9万元,为了村里的长远利益,他决定把路面加宽到4米并硬化。但梁宝却因此负债13万元。

第三次修路是在家里人一致的反对声中展开的,因为第二次修路欠下的债还记在他个人头上。但他不顾家人的反对再次贷款

12万元,终使总投资120万元、全长1730米、宽6米的新路修建于2010年秋如期开工。

从太原到离石,从县城到乡镇,只要能拉上的关系,梁宝从不放过,修路、栽树、引优种、建人畜吃水工程,有人说梁宝只要能给村里办成事什么口也敢开、什么人也能结识上。

"能为群众引好路,我受点委屈算不了什么"

电通了、路宽了、水有了,村民做什么、怎么做,又成了梁宝时时考虑的问题。

从平陆县参观完果园后,梁宝提出要在全村大力发展庭院经济,围绕发展庭院经济,梁宝在宅基地审批权上大胆决策:庭院经济发展多大,宅基地就给批多大。在他的鼓动下,薛家垣村一下子就栽了苹果300多亩,最高峰时人均5亩果园,薛家垣成了当时远近闻名的靠果树致富村。

做什么事也不可能一帆风顺,梁宝也吃过不少苦头。

梁宝(右)在核桃地查看核桃的长势情况

敬业奉献的光辉典范

那一年引进的 600 公斤优种土豆籽种植失败后,全村人异常愤怒,要集体上访。他一方面积极做安抚群众的工作,一方面自己悄悄承担了 9000 多元的种子款。2010 年,他又出面担保与汾酒集团签订了高粱种植合同,结果由于伤病等种种原因,合同履行不尽如人意,他垫付 6 万余元的种子再次悬空。

有人对他的做法不理解。梁宝笑着说:"只要能为群众引好路,我受点委屈算不了什么。"

"村风好了群众富了,自己穷点无所谓"

他连自己的医药费都无法支付,却想着为村里考上大学的孩子筹集学费。为了给孩子们筹集学费,他大胆向仅有一面之交的薛家垣下乡驻村的山西省委常委、省纪委书记李兆前开了口,得到李兆前书记个人给考上大学的学生每人 1000 元的资助。为了给孩子们筹集学费,他硬是不要汾阳医院驻村工作队给他家结算的 3000 元伙食费,却开口要求工作队资助贫困生。

修路个人贷款,梁宝不顾家人反对,坚决做到自己说了算,爱人也拿他没辙。

村里大事小事都要给群众交个底,做到"四议两公开",梁宝投稿"一言堂",群众对他放心。

一身正气,两袖清风。梁宝用自己人格的力量感召着别人、教育引导着群众。他任职的 28 年里,薛家垣没有发生过一起刑事案件,没出现过一次上访告状。薛家垣连续 6 年被评为全市五星级党支部,连续 7 年被石楼县委授予"红旗党支部"称号。梁宝本人也连续 7 年被评为优秀党员、先进工作者。

一心为民谋发展
行动诠释公仆心

——记吕梁市离石区交口街道党工委书记白志荣

20余载风雨历程,他兢兢业业、任劳任怨。在岗位上他是个好舵手,在工作中他是面旗帜;他以过人的胆识、非凡的气魄、出众的才华、务实的作风、爱民的情怀,赢得了广大干部群众的敬重与爱戴,谱写了一曲新时代的共产党员之歌。

扎根基层,心系人民

"作为一名乡镇干部,就要扎根基层、一心为民,想群众之所想、急群众之所急。"这是白志荣教育干部、自我勉励时常说的一句话。在多年的基层工作中,他始终以亲民爱民为标杆,以服务群众为己任,工作干到哪里,就和哪里的群众结下深厚的感情。

关心群众疾苦,扶贫下乡上一线。白志荣多次轻车简从深入自己下乡扶贫点葫芦把村,与村"两委"一道研究商量该村"十二五"发展规划和农民增收的有效途径,好几次,他都与干部群众交流到深夜一两点,不知疲惫,受到村民的一致好评。2012年,市、区开展"大排查、大接访、大化解"活动以来,他亲自安排,

一心为民谋发展　行动诠释公仆心

带头走访群众，化解矛盾。一次，他一个人来到老上访户王金梅家，不问上访缘由，只是嘘寒问暖，向王金梅了解其家庭情况、子女就业问题等，感动得王金梅当场表示"遇到这样的好书记，我以后不用上访了，因为有这样的好书记会给我一个满意的答复"。诸如此类的事例还有很多，他用行动践行入党诺言，将平凡演绎到极致，深为群众所信任和支持，被称为"做实事的好官"。

雷厉风行，勤奋工作

白志荣始终认为，作为一名领导干部，特别是单位的"一把手"，除了要有能做事的本领、还要有敢做事、做大事的魄力，这样才能凝心聚力搞建设、一心一意谋发展，才能有所作为。他是这么想的，也是这么做的。

近年来，交口街道各项中心工作成效显著：2010年投资近200万元，完成了乔家塔村新农村示范小区建设；投资210万元，在乔家塔村新修占地约50余亩的日光温室大棚25栋，并完成了

吕梁市离石区交口街道党工委书记白志荣

水、电、路等基础配套设施；投资近700万元，新修乔家塔小学一所并加固维修了沿川其余七村的小学。2011年投资900万元，完成街巷硬化50公里，基本实现了全办村村通、户户通的目标；发展优质核桃产业，已形成核桃经济林5400亩，其中精品林带建设1600亩，挂果率达40%；聚富汽贸城设有28个汽车4S店，现已投入运营的有18个，正在建设的有2个，2011年共销售汽车6000余辆，实现销售收入6.2亿元，解决剩余劳动力300余人；2011年"三项整治"成绩斐然，全办累计投资3000多万元，完成了街面整治、河道整治、楼顶装饰、房屋拆迁等重点工程，基本实现了全办村容整洁、管理有序、环境美化的整治目标；"三大活动"态势良好，全办高度重视、精心组织，进村入户排查率达到99.9%，成功化解矛盾率达53%，其中有效化解多年上访户3户，三级终结3户，全办"三大活动"发展态势良好，成效日益显现。

一分耕耘，一分收获

白志荣从一名农家子弟成长为组织信任、群众满意的基层领导干部，凭的是他扎实的工作作风、突出的工作能力和优异的工作成绩。作为一名关心群众、扎根基层的共产党员，白志荣将自己最宝贵的人生岁月献给了交口人民，将自己全部的精力、心血和智慧毫无保留地献给了家乡的发展事业。他用自己的一言一行，诠释了一名共产党员的高尚情怀，展现了一名基层领导干部不凡的魅力和风采。这种魅力和风采如坝阻水，波澜不惊；如山在野，高山仰止。

立足平凡岗位　谱写青春赞歌

——记吕梁市岚县岚城镇团委书记兼民政助理员郭平则

一位普通的农村工作者，在平凡的岗位上，默默奉献自己的光和热，用自己的青春年华在这片热土上谱写了壮丽的人生诗篇。

扑下身子，为民解忧

群众利益无小事。在工作中，郭平则始终牢记全心全意为人民服务的宗旨，始终把群众的利益作为一切工作的出发点和落脚点，谨慎细心，如履薄冰。从事民政工作，他本着"上为政府分忧、下为百姓解愁"的宗旨，恪尽职守，脚踏实地，全面贯彻落实最低生活保障制度这一党和政府关注民生、重视民生、保障民生、改善民生的伟大工程。目前，岚城镇纳入低保623人，其中农村低保568人、城市低保55人，贫困面大，低保对象多。结合上级精神、乡镇实际以及自身的工作经验，郭平则拟定了《岚城镇最低生活保障实施方案》，提交镇党委会议讨论通过并组织实施，有效化解了多年来因低保、五保等引发的矛盾，受到了上级领导的表扬。同时，加强了最低生活保障

郭平则（右）在县敬老院看望老人

工作的档案管理，所有低保对象建立了一户一档，实行动态化管理。

深入群众，化解矛盾

原8023部队退伍军人近年来经常聚集上访。得知这一情况后，他认真分析、抓住重点，多次挨家挨户走访，苦口婆心地讲解政策及相关文件精神，深入细致地宣传国家政策，得到他们的理解，妥善地预防了多次赴省、赴京上访事件的发生。为了解决坪上村"五保户"郭福大上访的问题，他去北京接访2次，认真细致做老人的思想工作，帮助老人解决生活上的问题。老人的情绪终于稳定下来，也认识到了自己的错误，至此化解了多年来一直难以解决的老大难问题。

立足平凡岗位　谱写青春赞歌

亲力亲为，勤恳工作

在从事共青团工作过程中，他加班加点录入青年数据库信息，建立全镇共青团信息平台。同时，组织全镇青年围绕县委、县政府和镇党委、镇政府的中心工作积极开展各类活动，栽植青年林20余亩，使全镇团员真正成为党组织的后备军。作为包村干部，他积极指导村、支"两委"开展各项工作，先后完成209国道至阳湾村道路绿化、阳湾村2000亩的荒山绿化、前庄村2000亩的荒山绿化和村庄绿化工作；积极争取县水利部门支持，解决了前庄村和阳湾村东沟小组的人畜饮水问题，受到了村民群众的认可和镇领导的好评；在计划生育工作中经常深入群众，宣传计划生育的相关政策、法规，认真录入全员人口信息，圆满完成了年度下达的各项计划生育工作任务。

几年的基层工作，郭平则在学习和工作中逐步成长、成熟，工作虽然平淡、岗位虽然平凡，但他始终如一、无怨无悔，老百姓满意的笑容，就是对他工作最大的肯定。

故土情深

——记吕梁市柳林县孟门镇后冯家沟村党支部副书记李步福

后冯家沟村过去是全县闻名的贫困村,如今山绿了、路通了、水上山了、村风正了、群众腰包鼓了,2011年农民人均纯收入达到6500元。何以发生如此变化,掩饰不住喜悦的村民总会说"全靠老李啊!是步福让我们一步一步过上幸福的好日子"。

"副书记领着书记、主任干"

李步福,1951年11月出生于后冯家沟村。参加工作后,曾任张家圪台乡乡长、县委组织部正科级组织员、县下乡办主任。后冯家沟村下乡的干部换了一拨又一拨,但就是"山河依旧,面貌不改"。有人逗笑李步福:"连老家的穷帽子也摘不了,你这下乡办主任快别干了。"说者无意,听者有心,李步福暗暗坚定了自己的想法。

机会来了,2002年县直机关机构改革中,任了8年下乡办主任的李步福自愿申请离岗,返乡务农。同事们劝他:"人往高处走,水往低处流。不在城里享清福,回村受那个罪干啥?"家里人也说他:"家里一大堆困难,你怎能忍心不管呢?"可铁了心的

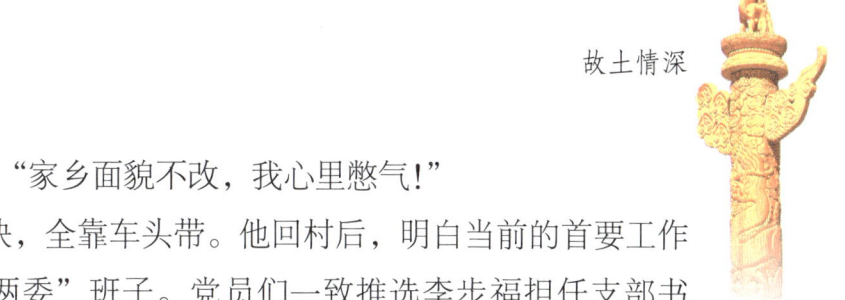

故土情深

步福对家人说:"家乡面貌不改,我心里憋气!"

火车跑得快,全靠车头带。他回村后,明白当前的首要工作就是健全村"两委"班子。党员们一致推选李步福担任支部书记,但老李硬是不同意,他说:"同志们好好干,干好了是大家的功劳,干不好是我的责任,我就当个副手吧。"作为副书记的李步福铆足了劲,带领父老乡亲开始了脱贫致富的艰辛历程。村支部书记冯善康感慨地说:"我们村是副书记领着书记、主任干。"

身先士卒,敢让天堑变通途

峰源沟,纵贯全村,长达近2000米,亘古如天堑,蛮横地将后冯家沟村分为南北两半。村民出行爬坡绕道、异常艰难,曾有大人小孩滑落崖下伤亡。修路,成为后冯家沟人世世代代的期盼和梦想。然而,在沟崖石壁上用人工拓宽公路谈何容易?入村口的路段如猛虎挡道,难以下手。首先需要将人用绳子吊下20

吕梁市柳林县孟门镇后冯家沟村党支部副书记李步福

余米的山沟，打炮眼，放炸药。面对深沟，第一个下去的是李步福。他身先士卒的举动，鼓舞和感染着村民，大家把生死置之度外，迎难而上。如今，1条4.5米宽的村水泥路从沿黄公路铺到了村口，3条2公里长、3.5米宽的街道，13条巷道，80户2.5米宽的户通路面全部硬化；填土造地40亩，蔬菜大棚在新增的土地上落户，成为发家致富的聚宝盆；随着2010年360米排洪渠的建成，三项重点工程画上了句号。

无私奉献，他舍小家为大家

清水煮挂面是李步福十年如一日永不变调的用餐方式。"肉蛋奶不沾边，碗里不见油点点，吃一半留一半，顿顿清水煮挂面"。群众的快板句，集中反映了他朴素的生活习惯。不是老李吝啬，舍不得花钱，而是用钱的地方太多了。2004年，为了民工工资的发放，为了新工程如期上马，并不富裕的李步福背着妻子，拿出仅有的4.8万元钱救急。在工程进展紧要关头，妻子在太原检查出患了子宫癌，急需手术，却只能委托小姨子照应……

从2002年起，整整10年，李步福用他生命的黄金时期，以自己的实际行动完成了人生的第二次创业，他为后冯家沟村铸就了幸福坝，修通了致富路，使后冯家沟村成为全县"小流域治理先进村""农田基本建设先进村""小康建设示范村"。

用忠诚书写春秋

——记吕梁市文水县史志办公室主任徐锦笙

了解徐锦笙的人，都会情不自禁地竖起大拇指，说："老徐人好，工作没说的。"在他的带领下，10个人的小单位被评为"全国方志先进集体"。2011年，他的事迹随着山西省创先争优先进事迹报告团的巡回演讲而广为流传。

勤奋敬业　积劳成疾

1991年，徐锦笙从部队转业后，组织安排他到文水县志办公室工作。从此，他在这个既枯燥又清苦的岗位上，认真踏实地干了20余年。上任伊始，徐锦笙刻苦钻研史志知识，虚心请教老史志工作者，很快，便从史志工作的门外汉变为行家里手、史志专家。面对一张桌子和一把椅子的工作条件，他无怨无悔；谈起那些令人眼馋的、有权有势的职业，他无动于衷。他只认准一个道理：史志工作也是党的事业，也得有人干，既然自己干上了，就要干好，干出个样子来。他是这样想的，也是这么做的。1994年春，徐锦笙由于长期的挑灯夜战、伏案耕耘，患上了严重的眼疾，右眼视力下降到0.1。在一次检查中，医生郑重地告诫他，

徐锦笙（右）在2007年5月28日召开的《文水县志》（1986～2002）终审会上发言

病情不容乐观，必须尽快住院治疗，亲朋好友也三番五次地劝他借此向组织提出调动工作的请求。而被家人指责为"一根筋"的徐锦笙，任凭别人怎样劝解，始终没有向组织提过任何要求，仍一如既往地坚持编修《文水县志》。一次，眼病又患了，眼底出血很厉害，他不得不住院治疗。然而，对工作着了迷的徐锦笙仍背着医生在病床上修改志稿。医生发现后，生气地向他发出"若不配合治疗，后果不堪设想"的严重警告，可他并没把医生的话放在心上，仍然边治疗边工作。在他的心里始终想的是绝不能因病延误《文水县志》的出版日期。《文水县志》如期出版了，徐锦笙却落下了眼底变形的终身疾病。

事业为重　忘我工作

徐锦笙干起工作来总有一股拼命的精神，不但不顾自己的身体，而且也很少顾及家庭。他爱人说："自他干上了县志工作，很少能与家人一起度过一个完整的节假日，家务事全让我一个人包

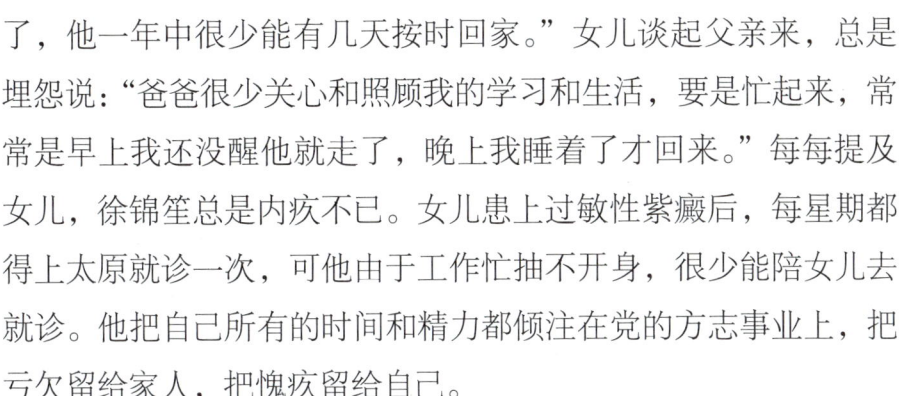

用忠诚书写春秋

了,他一年中很少能有几天按时回家。"女儿谈起父亲来,总是埋怨说:"爸爸很少关心和照顾我的学习和生活,要是忙起来,常常是早上我还没醒他就走了,晚上我睡着了才回来。"每每提及女儿,徐锦笙总是内疚不已。女儿患上过敏性紫癜后,每星期都得上太原就诊一次,可他由于工作忙抽不开身,很少能陪女儿去就诊。他把自己所有的时间和精力都倾注在党的方志事业上,把亏欠留给家人,把愧疚留给自己。

功夫不负有心人,他主编的《文水年鉴》(1986—1993)、《文水抗日纪事》等在山西省地方志优秀成果评比中获了奖。《文水县志》(1986—2002)出版后受到各方专家的好评,全省先后有22个史志部门到文水县史志办学习取经。2012年4月12日,徐锦笙在山西省地方志办公室作了先进事迹报告。

吃苦耐劳　甘于奉献

徐锦笙的吃苦精神是令人佩服的。为了保证《文水年鉴》《文水县志》按时出版,在上拨经费不足的情况下,他经常工作时间与同志们一道编稿,星期日则出去跑集资。为节省这些来之不易的钱,他出差总是乘坐公共汽车,吃在街头小摊,住在简陋旅店。往回运书时,徐锦笙舍不得雇车,硬是自己一个人肩扛手提,将每箱30余公斤重的书,一箱一箱地从这趟车倒至那趟车,再运回史志办。一位参加县志编写的老同志动情地说:"这样艰苦的环境,从事修志这样清苦的工作,如果不是有徐锦笙这样能吃苦、肯奉献的领头人,要做出成果来是绝对不可能的。"

为政府分忧　替百姓解愁

—— 记吕梁市临县民政局副局长高保军

"民政人做好民政事，是义不容辞的职责；民政人上为政府分忧、下为百姓解愁是责无旁贷的天职。"这是临县民政局副局长高保军的座右铭。24年来，高保军把所有的热情和爱心都倾注到民政事业中，谱写了无悔的人生篇章。

心里时刻装着群众

临县是贫困大县，生活在最低生活保障线以下的困难群众有十多万人。高保军分管着全县农村低保、城市低保和"五保户"工作，直接工作对象4万多人。对全县4600户困难"五保户"，他每年都抽出一段时间入户走访、登记复核，做到"不空一户、不落一人"，积极努力为这些困难家庭争取补助资金。全县23个乡（镇），由他亲自协调集中供养的"五保户"有85人，他总是及时将党的政策和温暖送到最困难的人手中。多年来，经高保军办的每一笔民政资金都账目清楚明白。他说："做民政工作，心里时刻要装着群众，要把民政对象当作自己的父母兄弟姊妹，要舍得付出、甘于奉献，尽我所能，为弱势群众服务。"

为政府分忧　替百姓解愁

工作始终围绕群众

在2008年和2011年两届村民委员会换届选举中，高保军负责全县631个村换届选举的具体指导，为了做好这项工作，他学习钻研了有关法律法规，特别是对《村民委员会组织法》进行了系统学习。换届工作中，高保军始终保持手机24小时开机，确保了相关法律解释的及时性和针对性，有效地缓解了矛盾，消除了群众的疑虑。

临泉镇东崞村是临县第一大村，也是城中村，选民有4000多人，村里矛盾突出。在2008年换届选举中，村里产生了两大派，其中一派把持了选委会，可是计票结果显示另一派当选主任，把持选委会的一派拒绝公布选举结果，并要求辞去选委会成员职务，两派人员半夜三更大喊大叫，情绪激动。面对复杂的矛盾，县领导迅速要求法律咨询组到场，经过高保军几个小时的耐心讲解，村民接受了咨询意见。事态平息了，该村合法地完成了

吕梁市临县民政局副局长高保军

选举。

政策落实惠泽群众

高保军认为落实党的最低生活保障制度责任重大、意义深远，任何人不能假公济私、中饱私囊。为此，在全县讨论如何实施最低保障制度的时候，高保军明确提出：县、乡、村三级干部及其家属，包括近亲属不能享受低保，凡确定享受低保人员，必须通过"四议两公开"。这种做法从制度上保证了确定低保户工作的公平公正，也正因为这样，多年来，全县6万多低保户没有一例上访。高保军从事民政工作，始终把弱势群体的利益放在第一位。他经常倾听弱势群体的诉求和期望，并及时向党委、政府反映，让这一群体感到党的温暖。

高保军淡泊名利，不眼高手低，不心浮气躁，踏踏实实做着服务人民群众的工作。2012年吕梁市三大活动开始以后，高保军担任碛口镇驻镇指导组常务副组长。他走遍了碛口镇每一个村庄，入户排查5270户，还和乡（镇）工作人员一同到离石、太原接访，苦口婆心做工作、耐心细致解矛盾，为党委、政府分忧，为老百姓解难。

一片冰心在玉壶

——记吕梁市孝义市委秘书长郭贵和

人生是道风景线。那么,人生在世,是创造奋进、务实进取,还是沉湎幻想、甘于平庸?孝义市委秘书长郭贵和用25年的奋斗历程,以"低调做人、潜心做事"的人生信条,以对党的一片赤子之情,回答了这个问题。

为谁辛苦为谁忙

有人说,在这个浮躁的年代里,我们这代人最缺少的恐怕就是一个执著了。然而,郭贵和26岁调入政府办,从干事、科长到办公室主任,在政府办一干就是16年。16年间,他专心谋事、勇于任事、踏实干事,始终把严于律己、务实高效作为履行职责的根本要求。16年间,从会务值班到督察落实,从以文辅政到综合协调,郭贵和早出晚归,星期天和节假日加班加点是家常便饭,通宵达旦连轴转屡见不鲜。16年间,他主笔和牵头撰写了许多事关孝义发展稳定的政策文稿,累计达上千万字。16年间,郭贵和耐得住寂寞、守得住清贫、挡得住诱惑,时刻保持宁静致远的心态。朋友们劝他:这个时代的主题,要么当官,要么赚钱,

郭贵和（右）深入下乡驻村点南船头村与党员座谈

爬格子几时能出人头地？但他总是说："共产党人的理想信念胜过激烈和狂热。"

俯首甘为孺子牛

2007年，郭贵和担任大孝堡乡党委书记。面对大孝堡乡资源匮乏、经济落后的局面，在一无资源、二无资金的情况下，他全面实施了"以铝工业为核心的新型工业化工程、以移民并村为重点的胜溪新村建设工程、以农业种养园区为载体的农民就业创业工程、以沿线重点公路整治为重点的环境整治工程、以化解搬迁安置等突出问题为基础的信访稳定工程"的发展战略，有效激发了广大干部群众干事创业的热情。到2009年底，大孝堡乡农村经济总收入完成3.5亿元，乡镇企业总产值完成23亿元，完成税收收入2.29亿元，农民人均纯收入达到5058元，成为孝义经济强乡、大乡。

担任大孝堡乡党委书记三年来，郭贵和始终心系群众，尽心

谒力为群众办好事、解难事。在资金严重缺乏的情况下,他多方奔走筹资,完成了一项又一项惠民工程。2007年,筹资70万元,完成了郑家营、东盘粮、西盘粮除氟饮水工程,解决了7000余人的安全饮水问题。2008年,筹资120余万元,完成了李家庄初中改扩建工程,并投资830余万元建成7所小学;筹资100万元建成12所高标准村级卫生所;筹资276万元,完成有线电视入户工程;筹资2000余万元铺开了全乡各村的道路硬化亮化工程。劝君不用镌顽石,路上行人口是碑。时至今日,大孝堡的老百姓依然常常念叨郭贵和给他们办的好事。

先行先试唱大戏

郭贵和任市委秘书长后,面对全省转型跨越发展高潮迭起、转型综改试验如火如荼的重大机遇,以一股先行先试的拼劲和闯劲,第一时间组织专人调研并编制方案。2012年2月9日,《孝义市转型综改试验先行试点行动方案》正式发文获批,成为山西省市、县两级首个获批的综改行动方案。

项目建设是孝义转型跨越发展的主旋律,然而过多过滥的行政审批,严重影响了项目落地建设。2012年初,郭贵和兼任市扩权强县领导组办公室主任后,立说立行,召开了行政审批听证会,积极与上级部门沟通对接,梳理出29个部门199条审批事项,全部进驻政务大厅,实现了"一站式"审批,使孝义行政审批制度改革迈出了实质性的一步;同时在全省县级市中率先开通山西省评标专家库孝义试点,有力地推进了转型项目大攻坚。

心中有乾坤　　笔下绘蓝图

——记山西省城乡规划设计研究院党委副书记、院长翟顺河

1984年8月，翟顺河从学校毕业后被分配至山西省城乡规划设计研究院工作，至今已28年。从一名年轻职工到一院之长，从一名普通技术员到全院技术带头人，他把梦想与激情挥洒，把青春和汗水奉献。特别是近几年，山西省城乡规划设计研究院在他的带领下，紧紧围绕全省城镇化战略目标、对口支援新疆建设和中央下放国有煤矿棚户区改造项目等重要工作，立足山西，面向全国，各项工作全面实现跨越式发展，使山西省规划院在山西省范围内、在全国同行业内地位快速提升，跻身中西部省级规划院的领先行列，向着国内一流强院的行列稳步迈进。

山西省规划院主要承担全省城乡规划编制、研究和实施评估工作，承担全省城镇化发展和重点城乡规划实施的动态监测任务，同时还开展建筑、市政、风景园林、道路桥梁等工程设计、咨询和研发工作。作为全院技术带头人，身为教授级高级工程师的翟顺河兢兢业业，成绩斐然。

山西省规划院是典型的技术密集型单位，翟顺河始终坚持技术立院，视产品质量为生命，狠抓技术和质量，在完成的项目中，共获国家、省、地级优秀规划设计奖项300余项，其中省部

心中有乾坤　笔下绘蓝图

级以上奖项 100 余项。特别是《"一圈""三群"规划》《五台山风景名胜区总体规划》《平遥历史文化名城保护规划》《大同煤矿棚户区改造》《中央下放煤矿棚户区改造》《太原市汾河治理美化工程》《忻州市总体规划》《朔州市总体规划》等一批重点、大型、特大型综合性规划设计项目得到了国家、省部级领导和知名专家的一致好评。在攻克重点项目时，他经常身先士卒，带领技术人员通宵工作。有一次他强忍着痛风病的痛苦，连续数天与项目组成员工作到深夜，大家都劝他去休息、去治病，他却坚持不肯，直到项目成果正式出炉。

在完成好经营性项目的同时，在他的带领下，山西省规划院始终不忘身为省级规划院所肩负的责任和使命，积极以自身最擅长的方式去回馈社会、投身公益。他们积极为省委、省政府制定的城镇化发展战略提供技术服务，做好全省城乡规划的技术支持工作。省委书记袁纯清提出的在全省范围内构建"一核一圈三群"的城镇体系框架，是山西省的重大战略，他们将之列为重点工作之一，整合全院专业优势力量，与全国一线院校合作，承担

翟顺河（右二）率技术人员赴新疆农六师进行规划设计现场勘察

了"一圈"和"三群"的规划。《山西省城镇新区规划建设导则》《山西省城乡规划条例》(草案)《全省集中供热三年规划》《山西省小城镇污水处理建设规划》《山西省特色城镇化发展评价报告》《山西省城镇化"十二五"规划》《太原都市圈"十二五"规划》《山西省国家资源经济转型综合配套改革试验区城镇化推进专项方案》等一系列重量级项目的技术支持,为主管部门和城市规划行业提供了强有力的技术支撑。

在汶川大地震发生后,翟顺河在尚未接到任何通知的情况下,主动自发,第一时间冒着余震的危险,随规划专家队伍奔赴重灾区进行技术援助,实地指挥援建,为山西援建走在全国前列、提前完成周转房建设任务作出了突出贡献。在国家将支援新疆建设列为国家重大战略任务后,他又积极响应中央和省委号召,将支援新疆建设列为全院工作的重中之重。

如果说山西省规划院是一艘正在破浪前行的航船,那翟顺河就是这艘舰船的总舵手,不论是服务政府、技术支持,还是社会公益、担当责任,抑或是管理创新、跨越发展,他都能牢记党的宗旨,充分发挥自己的引领力,为整艘舰船引领航向,助其扬帆远航。

无私奉献　心系旅客

——记山西省民航机场集团公司地勤服务部
不正常航班保障分部主管、生产信息分部主管杨景春

他，身材魁梧，相貌俊朗，一副眼镜也遮不住闪着神采的眼睛，和善的笑脸使人不由得感受到这位中年人的和蔼可亲。他就是山西省民航机场集团公司地勤服务部不正常航班保障分部主管兼生产信息分部主管杨景春。

不正常航班的保障工作，多年来一直困扰着民航运输服务行业。在担任不正常航班保障分部主管期间，杨景春建立了一系列规章制度，细化了太原机场备降航班保障流程，带着下属亲自跑宾馆，与太原市、榆次市 15 家宾馆签订了住宿协议。他给部门做了很好的定位：一是协调航空公司，将现场的情况如实反馈；

杨景春在停机坪上放行飞机

二是为航空公司出谋划策,共同探索可行方案;三是及时为值班领导提供解决措施;四是直接面对旅客化解矛盾,缓解情绪。

2011年4月,由于地勤服务部内部的机构调整,被大家笑称为"救火队超级队员"的他,同时兼任了生产信息分部的主管。从此,忙碌的他就更显得脚步匆匆了。他牵头制定了《地勤服务部航班大面积延误(备降)保障工作流程》,并对备降航班中的突发情况有针对性地制定了一些预案,包括《备降航班旅客如果提取药品流程》《航班延误中止旅客如果提取行李流程》。这些流程的制定为保障太原机场航班的正点,发挥了很好的作用。

授人以鱼,不如授之以渔。杨景春在平时的工作中甘为铺路石,注重言传身教,尽心尽力做好传、帮、带工作。2012年以来,他利用业余时间学习了《旅客心理学》《这才是服务》《服务与礼仪》等与服务相关的书籍,撰写了近2万字的《不正常航班服务指导手册》,将自己20余年从事民航旅客运输工作的心得、经验,进行了总结,并将如何应对不正常航班旅客、不正常航班处理案例汇集其中,使该手册成为一线服务人员学习的教材。

2011年以来,集团公司和地勤服务部党委开展了党员先锋示范岗活动。作为不正常航班保障部主管,当航班延误、旅客情绪激动时,胸佩党徽的杨景春总会第一时间出现在现场。有一次,由于航班延误,旅客情绪波动,更有甚者开始围攻机场工作人员。面对这一状况,杨景春用自己的热情和耐心打动了旅客,事态才得以平息。一名70多岁的老党员站出来说:"我多年没有见到有人戴党徽了,在太原机场我见到了,我信任你们。"

2012年3月的一天凌晨,骤然响起的电话铃声叫醒了睡梦中的杨景春。一架南航飞机,因机组超时取消了当日飞行,但旅客

无私奉献　心系旅客

们却拒绝去宾馆休息，一定要讨个说法，并且要求见机场最高领导。杨景春火速赶往候机厅，当时部分旅客情绪激动，面对旅客的不满、指责，甚至漫骂，他首先代表航空公司向旅客表达了歉意，然后，对不愿意去宾馆休息的老弱病残旅客，他表示可以安排去头等舱休息。也许是诚意，也许是他胸前佩戴的党徽，旅客渐渐安静下来，同意去宾馆休息。事后，同事问他："老杨，你脾气真好，旅客态度那么恶劣，你还总是笑眯眯地、苦口婆心地解释，难道被人骂，你不生气吗？"他答道："谁遇到航班不正常，心情都不会好，咱既然干这份活，就要多站在旅客的角度考虑问题，受点委屈算什么？"

有一次，南航3702航班因故障延误9小时，旅客情绪激动，要求补偿。他耐心地告诉旅客航空公司一定会根据延误时间给予补偿，同时通知地勤服务部旅客服务分部及时为旅客提供饮料、食品。由于解释到位、服务到位，同时又会有补偿，旅客情绪逐渐平静下来。旅客登机时，杨景春再次代表航空公司和机场给旅客表达歉意，他的诚意深深地打动了旅客，得到了旅客赞扬。

就这样，杨景春在一线服务岗位坚守了20多年，多少个不眠之夜，多少次被人误解，而他却总是无怨无悔地默默奉献。他说："其实民航工作并不难，只要我们严格按党员的标准要求自己，把旅客确实当作亲人，就一定能把旅客服务工作做好。"

身残志坚　教书育人

——记山西师范大学教授、博士生导师李新宇

他轮椅代步，却志在育人；他33岁被遴选为博士生导师，34岁破格晋升为教授；他年纪轻轻，却在科研和教学上取得突出的成绩。在他的生命里，充满了对教育事业的无限热爱，他就是山西师范大学教师李新宇。

创先争优　坚持党性

在创先争优活动中，作为党员，李新宇带头肩负教书育人的光荣职责，弘扬优良教风，以高尚师德、人格魅力、学识风范教育感染学生，做学生健康成长的指导者和引路人。在山西师范大学党校重点培养对象培训班党课上，李新宇以亲身经历让学员们感受到自觉成才是青年党员的历史使命。这次活动被《中国组织人事报》、人民网、光明网以"山西师范大学'青年才俊'走上党课讲台"为题目进行了详细报道。参加培训的学员作为即将加入党组织的重点培养对象，备受鼓舞、获益良多，在身边榜样的带动和鼓舞下，他们有了明确的方向，有了追赶的目标，更加坚定了增长才干、报效祖国的信心和决心。

身残志坚　教书育人

山西师范大学教授、博士生导师李新宇

热爱教学　学生至上

在教学中，李新宇注重培养学生的科学研究能力，指导研究生、本科生论文坚持严格要求，对学生论文的思路、方法、框架、提纲、资料收集和安排、论证分析，乃至文字表述和格式规范等都仔细把关。他带领青年教师组成团队，申请教改课题、精品课程、教学团队等项目，积极开展研究型教学与实践。李新宇的课堂除了教书之外，重在育人，他总是把自己的学习方法和人生体悟渗入课堂教学当中。李新宇说："要把课堂当作舞台，把教学当成艺术，将内心的激情与人生体悟注入专业知识的海洋，随着时间的流逝，知识可能发生变化，但心灵的光辉将会永存！"

李新宇的课间休息时间很少，因为总有同学向他咨询各种学习方面的问题。即便是嗓子哑了，每次他都耐心地解答学生们的提问。当问到他为什么能长年如一日为学生着想的时候，他说："因为我多年的求学经历，使我知道每个学生都是鼓起勇气才和

老师交流的。回首自己的成长经历,也是在关键的时候,许多良师益友伸出了援助之手,所以现在才抱有感恩之心,希望把这种爱传递给学生。"

努力科研　成绩突出

除了具备过硬的政治思想,李新宇还是一名优秀的科研工作者。他先后主持国家社科基金等省级以上科研项目5个,在中国社会科学出版社出版学术专著2部,在《文学评论》《文学遗产》等权威期刊发表学术论文20多篇,获得山西省第六次社会科学研究优秀成果一等奖等省级以上科研奖励6项。因为科研成绩突出,2010年他被遴选为博士生导师,入选山西省高等学校青年学术带头人支持计划,2011年破格晋升教授。谈到自己的成绩,李新宇首先将其归功于山西师范大学良好的科研氛围,山西师范大学围绕学科建设平台,围绕平台引进人才,围绕人才构建梯队,给每个人才都提供一个促使其学有所成的宽松舒适的科研环境。其次是他认为自己有足够的拼搏精神,勤奋钻研,忘我投入,他从来都是把工作放在第一位。

山西省临汾市残疾人联合会兼职副主席是李新宇教授的另一身份。虽然轮椅代步,但他积极组织参与社会公益性活动,先后为多所中小学作报告及励志演讲,多次走访残障学校,参加关爱活动,鼓励残疾人在逆境中顽强拼搏、自立自强,为祖国的残疾人事业、为整个社会和谐发展贡献力量。

用爱心和忠诚践行党的卫生事业

——记长治医学院附属和济医院党委副书记、院长闫曙光

闫曙光,男,山西沁县人,教授,主任医师。毕业于第一军医大学,医学硕士。任山西省抗癌协会大肠癌专业委员会副主任委员、山西省外科学会长治专业委员会副主任委员。

这个专家没架子

闫曙光在病人面前,永远那么随和,还不时和病人开玩笑。一次查房时,病人得知来的是闫曙光教授,有点紧张。见病人那么紧张,他低下身子问:"你现在感觉怎么样?还难受吗?"听到和自己说话,病人立刻摆着手,一个劲地说:"不……不难受……"看见他那么紧张,闫曙光笑了,对他说:"那你不难受的话,就回家吧。"这一句玩笑话,顿时让病房里紧张的气氛缓和了,病人也哈哈地笑着说:"这个专家看起来还真没有架子。"

他向病人跷大拇指

沁县的刘效武曾辗转多家医院就医,2004年大年三十的晚

上，病情危重的他心脏骤停了三次。就在闫曙光与抢救小组紧张忙碌的同时，刘效武的儿子已经把准备后事的车辆找来，停在医院门口。监护室内，闫曙光早就忘记了当天是除夕夜。

第二天早晨8点，奇迹出现了，刘效武的生命体征逐渐趋于平稳。虽然还暂时说不出话来，但刘效武刚一睁眼看到闫曙光，就努力地跷起了大拇指。闫曙光也对他竖起了大拇指，他们共同迎来了新的一年。

严谨而"苛刻"的医生

虽然闫曙光对待病人很随和，可对待科室的医生，他就没那么"好说话"了。在医院，闫曙光的严谨是出了名的。他要求主治医生必须坚持每天两次查房，每一名医生都必须对每一名病人的情况了如指掌。夜间值班的医生，经常会接到闫曙光打来的电话，询问病人的情况，交代需要注意的事项。有时候半夜三更，他会突然来医院检查病历。如果发现哪个医生当天的病历没写完

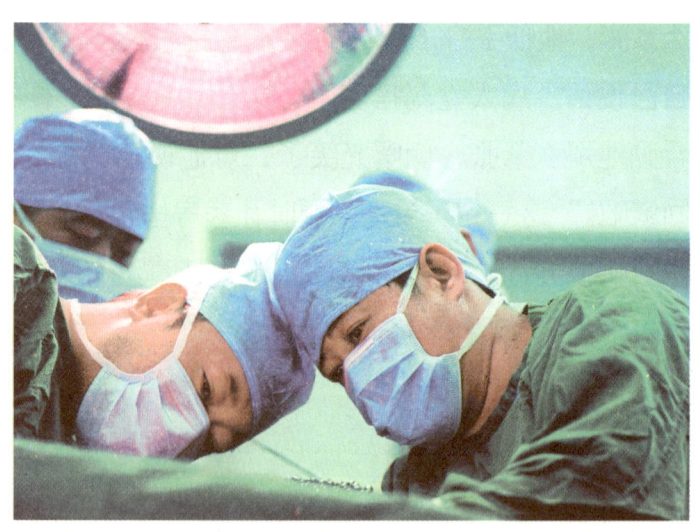

闫曙光（右一）精心手术

或是写得不合适，他会立刻把医生、护士长叫来，而不管当时是半夜几点。平时对病人随和的闫曙光，这个时候却非常严厉，身边的医生们都怕他。

闫曙光说："医生的工作没有大小之分，落实到每一个病人身上，都是一件大事情。所以，每一个细节我们都必须严谨，每一个病人我们都应该重点看护。"有时候半夜抢救完病人，闫曙光也不会回家，而是呆在自己的办公室，虽然有别的医生值班，但对于刚刚抢救完的病人，他还是不放心。闫曙光告诉值班医生："我就在办公室，有什么事，立刻来叫我。"

"看闫老师做手术是一种享受"

作为教师，闫曙光以严谨的工作作风、甘为人梯的奉献精神，培养了大批优秀的医学人才。他在教学查房过程中，会毫无保留地尽其所学，把知识、经验、感悟、体会传输给年轻的医师和学生。在手术过程中，他会把整个手术的关键环节、难点、要点、注意事项耐心讲述清楚，也常常会突然发问，如果医生和学生答不上来，他会更加耐心地讲解，偶尔也会"不客气"地让答不上的医师或学生，到一旁去看书，直到搞清楚为止。作为本地区外科学权威，能如此耐心细致、不厌其烦地教导学生，学生们总是很感动。有医师和学生曾这样评价："看闫老师手术简直是一种享受，他那娴熟的手法，清晰透彻的讲解，每一次都会让我们有所收获、有所启发。"

勤奋吃苦献忠诚

——记山西三益华信电子有限责任公司第一研究所
研究室主任、优秀党员、高级工程师王晓东

王晓东今年41岁,是山西省国有资产投资控股集团有限公司下属企业三益华信电子有限责任公司第一研究所第四研究室主任。参加工作20年来,王晓东在平凡的工作岗位上,恪守着不平凡的坚持,以坚韧不拔的进取精神和对科研事业的满腔热情,谱写了一曲奋发向上的青春乐章。

20年前的一个火热的夏天,王晓东从长春光学精密机械学院红外技术专业毕业,风华正茂的他被分配到大众机械厂第一研究所工作。从那时起,他就把自己和国防事业、和企业的命运紧紧联系在一起,开始了一个科技工作者艰苦的成长历程。在研究所这个有着浓厚学术氛围的环境中,他勤奋学习、刻苦钻研,迅速成长起来,在系统总体设计、单片机软硬件开发、自动控制等方面表现出优异的技术灵感,很快就能够独立担当一方面的科研工作了。在那个年代,一般新分配进厂的大学生只能做一些辅助性的工作,30岁以前很少能独立做项目。而当时只有20几岁的王晓东却在同年龄段的青年科研人员中脱颖而出,成为年轻人中少数几个能独当一面的技术骨干。1998年,不到30岁的他被任命为研究室副主任,成为当时所里最年轻的室主任。这一年,王晓

勤奋吃苦献忠诚

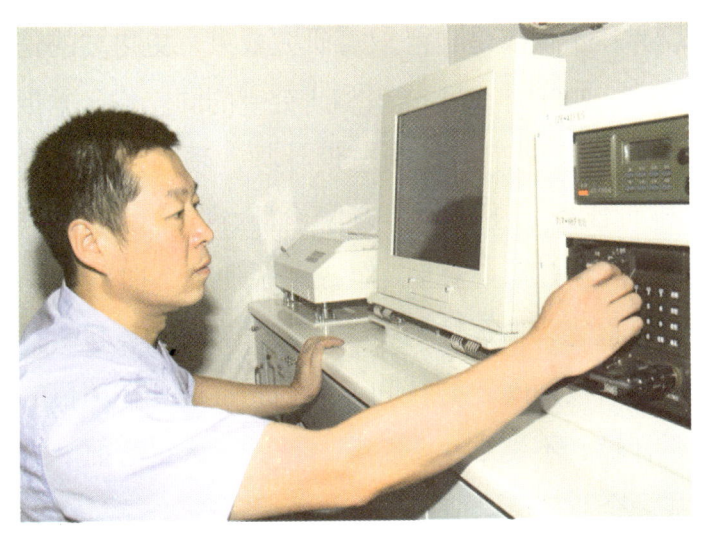

王晓东对某型号设备进行调试

东光荣地加入了中国共产党。

也就在这一年，为了在军用计算机领域占领更广泛的市场，工厂决定立项研制某型加固计算机。组织上把这项任务交给了以王晓东为首的科研团队。在研制过程中，他们遇到了一项当时在国内还没有解决的技术难题，拦住了研制进程，他和项目组的同志们反复研究，几经试验都没有成功。时间一天天过去了，王晓东心急如焚，每天脑子里萦绕的就是这个问题。他遍查资料，熬过了不知多少不眠之夜。一次次和同志们研究讨论，一次次改进方案，一遍遍调试，凭着扎实的专业功底和几年来积累的工作经验，终于解决了这一技术难题。经过一年的艰苦努力，项目组完成了该项目的样机设计，顺利通过了各项试验，获得了评审专家的高度赞扬。

在那以后，王晓东又承担了多个大型科研项目的研制任务，担任主任设计师、副总设计师，解决了多项科研难题。在科研工作实践中，他也不断得到锻炼，专业技术日益成熟，成为工厂年青一代的技术专家。多年来在科研工作中摸爬滚打，他对事业的

理解上升到新的境界：不仅仅是自己取得研究成果，更重要的是项目整体上取得突破。2008年，王晓东和研究室的同志们又承担了一个大型科研项目，王晓东担任副总设计师。项目组人手紧张，他除了承担科研任务，还要承担方案论证、各个阶段的评审、各个阶段的试验组织等，这些工作占用了他很多时间和精力。但是王晓东没有抱怨，白天忙不完，就夜里加班干，科研行政两不误，确保了项目按照既定的时间节点顺利推进。在项目的研制过程中，他不计较、不畏难、不怕苦，付出了大量心血。这一项目完成后，共为企业创造产值1.65亿元。

"我是一名党员，人们都看着我呢。"王晓东不光在技术上带头创新，在其他方面也发挥了表率作用。他继承了企业好的传统，热心帮助新分来的年轻大学生熟悉业务，像当年老同志们带他一样，毫无保留地把自己的经验传授给年轻人，使他们尽快完成从学生到工程技术人员的转变。

这些年来，市场经济大潮此起彼伏，外面的世界很精彩，也有着极大的诱惑。因为体制和机制的原因，国有企业的待遇远不如一些民营企业，很多人不安心在国有企业工作，出走司空见惯。十几年来，和王晓东同时进厂的科研人员有不少离开了企业，到外面寻求发展，现在的收入是他的好几倍甚至十几倍。王晓东也有不少机会获得比现在优厚得多的待遇和职位，但他没有动心，一直默默坚守了下来。他说，是企业培养了我、党组织教育了我，我应该用自己的扎实工作作出回报。

永远不对自己说满意

——记太原重工技术中心风电所所长、技术中心
起重第一党支部书记贾文强

他干一行、爱一行、突破一行，做一项、成一项、发展一项。从起重机设计到风电机组开发，他二十年如一日地耕耘在设计开发第一线。他用沉稳干练在岗位上尽情点燃激昂青春，谱写了一曲新时代的共产党员之歌。

作为一名起重专业成长起来的设计师，他先后组织和参加了20余项重点工程中上百台各种起重机的开发设计工作。他主持开发了印度金斗不锈钢公司的180—300吨系列铸造起重机，该套设备通过优化产品设计结构，各部件设计更合理，整机重量更轻，维护检修更加人性化。当时，厂房格局的不合理，要求起重机结构进行大变动，而这种变动，行业内从来没有尝试过。印度客户的任性苛刻，更加剧了确定技术方案的难度。技术交流时，他一直在沉思。一套全新方案在他脑海中逐渐清晰。他凭借自己丰富的计算经验，确定此套方案的合理性，毅然在技术协议上签了名字。他知道，这将是一场新挑战，但也将是一次新突破。

三个月过去了，设计任务顺利完成了；又过了半年，车间制造和组装试车任务也完成了。他的身影又出现在了印度的工地上。为了让操作人员尽快熟悉技术要领，他始终坚持在现场进行

技术指导。三伏盛夏,印度好似一只大火炉,气温高达摄氏40度,他和安装工人一道从早到晚爬上爬下,吃住都在现场,天天浸泡在汗水里。两个月的时间里,他瘦了整整12斤;而巧合的是,产品也提前12天投入使用。他说:"如果我的付出能够换来产品的性能提升和用户满意,我愿意一直瘦下去。要做我们就要做到最好,个人的付出又算得了什么。"

2008年底,太重进军风电领域,技术中心抽调全中心骨干力量成立风力发电设备设计研究所。设计研发1.5兆瓦风电机组的重担落到了贾文强的肩上。他知道一场挑战在等待着他,一场硬仗在等待着他!但他始终坚持:哪怕只剩一个方法,也要坚持做下去。

2009年初,1.5兆瓦风力发电机组研发正式开始。思路确定后,他一天也没有耽搁,带着几名设计员走遍了省内省外的风场。实地一考察,不由得使他倒吸了一口凉气:风力发电机组涉及专业广泛,涉及机械、电气、液压、力学、空气动力学、微观选址等专业,专业门类之多、技术复杂程度远远超出了他的想象。

但开弓没有回头箭,面对困难他咬紧牙根,毅然承担下来了。在没有任何技术资料的情况下,他从风机的概念入手,与项目组成员一道,向书本学习,向现场学习。他赴福建国外风电机组学习世界最先进的风电技术,8月的福建高温炎热,从地面爬90米高的直梯到达风机机舱至少需要40分钟,在没有任何安全防护设备的情况下,他冒险攀爬直梯,浑身湿透了也顾不上休息,坚持把该风机机型的特点研究透才离开。

功夫不负有心人,在1.5兆瓦风机研制的9个多月时间里,

永远不对自己说满意

贾文强正在检查高速轴制动器的电器接线

他带领整机研发组夜以继日,攻克了众多技术难题,用国外公司三分之一的费用、三分之一的时间,完成了1.5兆瓦风力发电样机的设计、制造、安装、调试、并网发电等全部工作,顺利实现了立项之初公司确定的目标。

20年的坚守,成就了贾文强的今天,也正是他20年的心血换来了辉煌的成就。他连续多年获得太重集团优秀共产党员称号,2010年获评为太重集团劳动模范,2012年获得太重集团共产党员标兵、山西省国资委优秀共产党员和山西省优秀共产党员等多项荣誉称号。

面对这些荣誉,贾文强却顾不上停下来多看几眼。他说:"我就像一辆上了高速路的汽车,尽管很累,但是我很充实、很快乐,我停不下来,也不想停下来。"也许正是因为有了这种信念,他才奋发、坚定,在成功之路上遥遥领先。

最美女设计师的"核"处人生

——记中核新能核工业工程有限责任公司
副总工程师、工艺所主任工程师吴秀花

一身朴素的工作服,一副清秀的近视镜,一个干练的马尾辫,手拿一个记录本,走起路来总是风风火火,这个人叫吴秀花。从昔日优秀大学毕业生到今天一名出色的科技带头人,她率领其团队不断攻坚克难,一步一个脚印地践行着入党时"全心全意为人民服务"的神圣诺言。

潜心钻研 推动科技转化生产力

1988年7月大学毕业后,吴秀花进入当时还是核七院的中核新能公司,并在工艺室铀转化设计一线一干就是20多年。20多年间,铺天盖地的设计图纸和排山倒海般的实验参数,构成了她工作的整个世界。

民品的开发和设计是中核新能公司主要的经营方向。吴秀花先后完成了多个民品开发项目设计。针对每个工程的不同特点,她总是深入研究,进行技术开发和攻关,确定技术路线,选用关键设备,同时解决不同工艺的技术难题,得到了业主的好评,为企业赢得了荣誉。"十一五"期间她负责开发的核能"铀转化关

最美女设计师的"核"处人生

吴秀花正在查阅资料

键设备放大和工艺技术研究"等课题取得了较好的研究成果，已直接应用于较大规模铀转化工程的设计中，为我国铀转化技术的进步和实现跨越式发展奠定了基础。

敢打敢拼　攻克关键技术难关

高密度高强度的长期作战对一个女科技工作者的心理和体力提出了严峻的挑战，而吴秀花瘦弱、单薄的身体总是让大家很担心。但是她从没叫过苦和累，她带领的团队出色地完成了多项咨询、设计和国家重点科研任务。

中核集团公司四〇四铀转化建设工程是我国从20世纪70年代以来的第一座大规模铀转化生产厂，生产规模、工艺技术和关键设备与现有的铀转化生产线均有较大区别，工程设计存在较大难度。作为项目负责人，吴秀花组织完成了该项目的项目建议书、可研报告、初步设计和施工图设计以及现场配合工作。为了确定

设计方案,她多次组织召开专题会议研究论证;为了保证工程设计质量,她进行了多项技术的攻关,掌握并优化了多项关键技术,改进和放大了关键设备;为了获取最佳铀转化工艺技术路线,她同设计人员多次对全线路进行实地勘察;为尽可能做到项目最优化,她总是费尽心力考虑设计中的细节和难题,做到严谨细致、力求完美。在时间紧、任务重、技术力量紧缺的情况下,她将自己每一天、每一刻的工作都安排得非常满。在她的带动下,全体设计人员加班加点、稳扎稳打,工作中不放过每一个细节、不忽略每一个程序,不断调整方案,不断总结方法,保证了任务节点的步步推进。7月正值炎炎夏季,她带头战高温、斗酷暑,上班时间不够就牺牲业余时间。最终,工艺方案确定,总平面布局以及建筑厂房群的优化组合实现节能减排,达到预期设计要求。该项目的施工图设计荣获了部级优秀工程设计一等奖。同时该项目一次投料成功,并顺利通过国防科工局的验收。设备生产能力不仅达到了设计目标值,而且还有一定的提升空间。不仅满足了我国核电对核燃料的需求,同时也为我国下一步大规模铀转化工程的建设奠定了坚实的基础。

作为一名共产党员,吴秀花始终没有认为所做的一切是为了得到什么。她的舞台在那忙碌、充实的工作中,在那一张张布满各种符号的设计图纸上。这位优秀的共产党员以一件件平凡的小事、一次次完美的表现,充分体现了一名当代科技工作者所具有的良好品质,展示了一名共产党员创先争优的高尚情操,这位平凡的女性以其不平凡的工作业绩奏响了人生最华美动人的乐章。

正师德　练师能

——记长治市第二中学校教师许军则

许军则任职于长治二中，从事英语教学和班主任工作。他以校为家、恪尽职守、甘于奉献，多次受到上级表彰。先后荣获山西省优秀班主任、山西省模范教师、山西省特级劳动模范等荣誉称号。

立身炼志正师德

他曾用关怀，让学生泪流满面；他曾用爱心，扬起学生心海的风帆。为人师表、以身作则是他的真实写照。他对学生严格要求，对自己更是严格要求。在班务管理中，他要求学生做到的，自己首先做到。在多年的实践和探索中，逐步形成了自己一套独特的班级管理方法：态度是前提，习惯是核心，细节是关键，纪律是保证。比如书要放得整整齐齐、字要写得方方正正、黑板要擦得干干净净、做人要知书达理、穿着要朴素大方、说话要字正腔圆、书要背得滚瓜烂熟等等。

他爱他的学生。天冷了，叮嘱要多加衣服；天热了，嘱咐要多喝水；感冒生病了，给他们买药；家长没有来接，就送他们回

许军则课外辅导学生

家。下雪路滑，提醒要注意安全；学习累了，劝告要好好休息。他勤奋努力，爱岗敬业，赢得了学生与家长一致称赞。家长们说："把孩子放在许老师班上，我们放心！"

积极进取练师能

教书育人是教师的天职，他把练师能当作不断提高师德修养的一个目标去追求，平时刻苦学习理论和文化知识，不断提升理论水平；教学上更是潜心研究教材教法，通过多种多样的教学形式提高课堂效率，如学习绕口令、赏析英美文学和经典诗歌以及进行英文剧本表演等，激发了学生的语言学习兴趣，增强了学生的语言实践能力。他所带班级先后有9人获全国英语大赛特等奖、40多人获一等奖，而且学生的语言应用能力很强，基本功扎实。

他自己的人生信条是：一名共产党员，就要为党、为国家、为人民奉献自己的一切；一位人民教师，就要忠诚于党的教育事

业，对学校负责，对家长负责，对学生负责！严格的要求和理智的关爱正是教育的关键所在。他严禁学生带通讯设备进入教室，使他们形成专注的学习习惯。在饮食、衣着、发型等方面讲求简洁、朴实、不攀比。开展课桌文化竞赛活动，引导学生树立积极健康的价值观。规范日常行为，规范学习、作业、课堂纪律、自习纪律、午休纪律、课间操纪律等，每一项都制定细则，使学生养成良好的学习和生活习惯。同学们在互联网上将许老师的班级管理概括为"小许班规四十条"。

一分耕耘一分收获。许老师所带班级在德育教育、养成教育、学科成绩等方面均取得了优异的成绩。2007年高考，全市清华、北大共录取11人，其中长治二中8人，他所带的277班就占了5人；600分以上学生44人，达重点大学率为78%。2010年高考，全市清华、北大共录取16人，其中应届生12人，长治二中共录取9人，他所带班级的学生就考了8人；600分以上53人，达重点大学率为80%。

近观眼前满目春，放眼远处春更浓。他深知：要想在教育、教学方面作出更大的成绩，让学生飞得更高更远，自己还有很长的路要走。但他同时相信：心中有责任、责任在心中，一心为了学生、一心为了党的教育事业，不断学习、科学管理、勇于创新，就一定能取得更大的成绩！

杏林"啄木鸟" 十载写忠诚

——记晋中市第一人民医院
党委委员、纪律检查委员会书记赵明铭

"医德查房"被全国卫生系统创先争优领导组评为"金点子"二等奖,"医务人员廉政体检制度"开创了全国公立医院廉政风险防控管理的先河,"无红包、无回扣、无开单提成、无滥检查、无乱收费"等活动的有效开展让晋中市第一人民医院在年度行风民主评议中获得了第一名……

这些"金点子""好做法"的不断推出,转变了晋中市第一人民医院的院风行风,赢得了群众的好评。而这一切,都离不开该院纪检委书记赵明铭十多年来甘做杏林"啄木鸟"的无悔付出。

"五无两优"——把"手术刀"指向院风行风

2001年,赵明铭从晋中市委组织部干部科长转任晋中市第一人民医院党委委员、纪检委书记。刚一到任,他就将"手术刀"指向了调研中发现的一些不良风气。他提出"抓行风就是抓效益"的理念,扑下身子,亲力亲为,狠抓落实,先后组织实施了以"无红包、无回扣、无开单提成、无滥检查、无乱收费和争做群众满意大夫和护士"为主题的"五无两优"活动,组织建立了

以"十评十件事,十看十承诺"为主要内容的科风院风民主评议模式,有效开展了亲近患者、服务患者、通过患者感受改进医院风气的"四首五送两减少"工作举措。

他说:"这些举措的铺开,最大限度地规范了医务人员的执业行为,也让我成为受到争议较多的人。但是,只要是有利于患者的事情,就是受再多委屈也值得。"

"医德查房和出院随访"——让广大患者成为评判主体

随着一系列措施和活动的展开,晋中市第一人民医院行风建设取得了明显成效。2009年,赵明铭在全省公立医院中率先建立了医务人员医德考评工作模式,第一次建立了医务人员医德行为分类规范、分类考评工作体系,第一次确立了患者为评价主体、百分之百听取住院患者意见的工作机制。

2010年,他适应形势变化,顺应患者需求,创新工作理念,在充分调研的基础上,推动晋中市第一人民医院实施"医德查房"和"出院随访"制度。在实施过程中,他坚持"一线工作法",以每季度对全院所有临床科室轮转一次的频度,到病床边对7000多位患者和家属面对面访谈,对3万多位出院患者实现了背靠背"暗访",掌握了大量的群众意见和建议。当年,"医德查房"被中国医院协会确定为全国百姓放心医院推广项目。

勇担重任——廉政风险管理试点出成果

鉴于晋中市第一人民医院在行风建设中的突出成效,2011

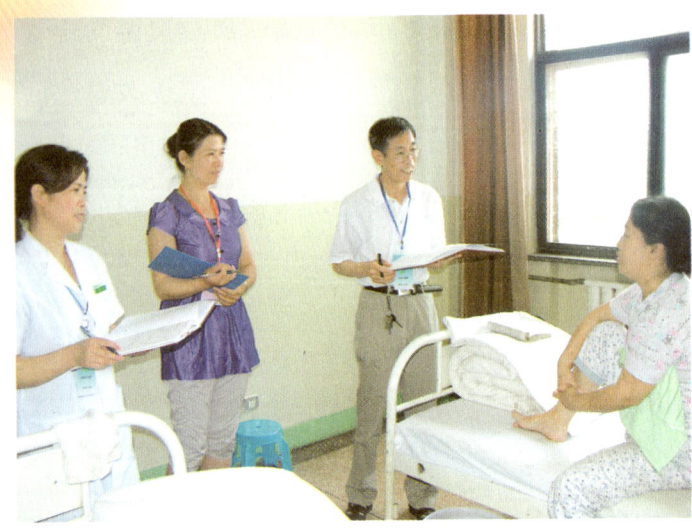

赵明铭（右二）带领工作人员深入患者床旁进行"医德查房"

年，该院被省纪委、省卫生厅定为公立医院廉政风险防控管理试点。为了做好试点工作，他倾注了全部心血和精力，不顾自己肝硬化病弱的身体，日夜奋战在一线，走访群众、查阅资料、起草文件，在风险查找、风险确认、风险分级、防控措施、责任定位、科技监控平台建设等制度的制定和实施上，做了大量的顶层设计和基础设施工作。亲自策划、动手撰写了《廉政风险防控核心制度》《廉政风险防控权力运行通则及规程》《廉政风险防控员工手册》《廉政风险防控党纪法规手册》《廉政风险防控知识点党纪法规对应点》《廉政风险防控制度加科技人控加机控》等十几万字的书籍，在该院召开的全省公立医院廉政风险现场会上，向全省各市卫生局和三级医院推广下发。亲自组织设计完成了《晋中一院廉政风险防控管理计算机控制管理软件》，形成了具有公立医院特色的廉政风险防控管理工作模式，有力地推进了全省公立医院廉政风险防控工作的开展。

12年来，他踏踏实实地做实、做细、做好纪检监察工作的每一个环节，让群众从他的努力中得到了实实在在的好处。

谋转型　甘奉献
跨越发展领路人

——记山西宏远能源科技集团党总支书记、董事长张建明

"凡事都要脚踏实地去做，不驰于空想，不骛于虚事，而唯以求真的态度作踏实的工夫。以此态度求学，则真理可明，以此态度做事，则功业可成。"这是李大钊的一句格言，也是共产党员、民营企业家张建明的真实写照。多年来，张建明模范履行党章规定的党员义务，带头学习提高，带头创先争优，促转型，谋跨越，为推进左权县乃至晋中市综改试验区建设作出了积极的努力。

抓党建，发挥政治优势

张建明带领宏远集团党组织始终坚持发挥党组织政治优势，加强了党组织和党员建设，有力地促进了集团转型发展、跨越发展。一是学习促进转型。经常性组织党员干部学习党的方针政策，提前实现向生物科技、教育培训、研究开发、金融投资等行业转型。二是优先党员提拔，优先骨干入党。真正把党性强、勤思考的党员骨干选配到班子中来，真正懂经营、会管理的骨干分

子吸收到党员队伍中来，加强骨干分子和党员队伍的有机结合。三是全力引进人才，不惜一切代价，在国内引进生物质新材料产业48名各类专家教授和技术人才，全力投入生物科技产业的研究开发，以党员特有的时代风采助推发展。四是哪里有产业，哪里就有党员；哪里有党员，哪里就有阵地。五是发挥党组织作用。在建设宏远学校和引进生物科技产业时，积极发挥党组织作用，奠定了集团转型发展的基础。六是积极发展党员。目前集团董事会党员覆盖率占到100%，为党建促工建、党建促发展奠定了坚实的政治基础。

抓转型，实践科学发展

他立足于"一次能源开发向可再生能源开发转型、一次能源提取向可再生能源提取转型"的发展理念，积极发挥煤矿兼并重组后的资金优势，狠抓机遇向高科技新材料产业转型。聚十一酰胺技术开发实现了产业化和国产化，打破了法国垄断，填补了国

张建明（左一）在山西宏远科技股份有限公司制品车间

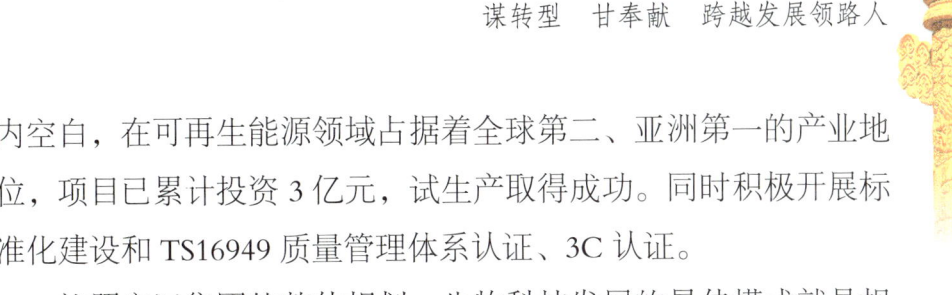

内空白,在可再生能源领域占据着全球第二、亚洲第一的产业地位,项目已累计投资3亿元,试生产取得成功。同时积极开展标准化建设和TS16949质量管理体系认证、3C认证。

按照宏远集团的整体规划,生物科技发展的最佳模式就是规划建设产业园区。张建明一年多以来连续奔波,取得了各级政府的认可和支持,目前产业园区已经市政府上报省政府待批。园区整体规划为"一园六区",总占地11平方公里,概算投资600多亿元,建成后年实现产值1400多亿元,创税150亿元,可为社会提供就业岗位63010个。

抓公益,演绎企业价值

为促进社会事业发展,张建明积极发挥党员先锋模范作用,投入巨资兴建了左权宏远学校。目前在校生3700余名,教职员工360余名。学校开设幼儿、小学、初中、以职业教育为主的综合高中四个学段。小学生源主要来自农村,使农村孩子享受到了城市的优质教育资源,对左权的人才培养起了很大的促进作用。为提升办学层次,学校与北大附中共建远程教育示范校,通过网络全面接受北大附中的名师指导。2010年在学校开展"课堂改革",数十次组织教师和学生远赴山东杜郎口中学取经学习,被山西省教育厅命名为"山西省课改示范基地"。为进一步完善宏远学校整体规划,张建明于2010年又毅然投入2600余万元开展宏远幼儿园建设,目前工程已接近尾声,幼儿园可容纳幼儿1000余名,将为左权县幼教事业发展再立新功。

奉献公益的文化情怀
身先士卒的领军风范

——记山西省文化发展基金会理事长张建军

2010年12月9日,张建军从山西省文化厅领导岗位上退下来,开始了他新的征程。作为山西文化发展基金会的领军人,在全新的领域里如同进入了新的战场,他既当指挥员又当战斗员,身先士卒、全力以赴,想方设法募集资金,为资助公益文化、发展文化产业、繁荣文化事业倾尽心力。他经常说:"为人做事要发上等愿,结中等缘,享下等福。"他是这样说的,也是这样做的。在掌管基金会的短短两年时间里,累积募集资金3000万元,奠定了基金会的坚实基础。

常言道,艰难困苦,玉汝于成。他不是铁打的,身患糖尿病,心脏支着两个支架,奔波劳碌过后,每每是疲惫不堪,咬牙硬撑。他不是无情人,年届九十的老母住在长治照顾不及,每思及此,泪眼潸然。然而,事业重于泰山,他热爱自己的工作胜过一切。

有人说,团队精神是培养团队凝聚力和战斗力的核心,张建军说:"啥叫团队精神?就是领导者身先士卒树立榜样,激发员工的工作热情,上下团结一心,协同作战。"作为基金会理事长,

奉献公益的文化情怀　身先士卒的领军风范

他的工作精神深深感染着员工。张建军身上深深地打上了军人的烙印，他的领导方式很特别，那就是他本人树立的工作榜样。他的工作没有节假日，每天平均工作十二三个小时，几乎天天是午夜之后才熄灯休息。确定的工作计划绝不拖延，雷厉风行，按时完成。对于工作中存在的问题，他总是亲自带领大家进行研讨，指出不足，提出改进措施，引以为戒。他教育员工说："基金会的工作既是一份责任，更是一种使命，要用一颗赤子之心对待一项伟大的事业。"35年的军旅生涯使他赋予基金会严整的军人素质，每个员工都以他为榜样，自觉地投入工作，各项工作有条不紊、卓有成效。

文化发展基金会工作的重点是募集社会资金，资助文化事业。用张建军自己的话说，"重点支持重大公益文化项目、雪中送炭和有利于返捐是我们工作的重点，如同军事部署，就是三个主攻方向"。

2011年，山西省歌舞剧院应邀赴台湾进行文化合作交流，资金方面存在困难，张建军得知情况后主动提出资助，在基金会的

山西省文化发展基金会理事长张建军

帮助下，山西省歌舞剧院如期出行，演出大获成功，赢得台湾各界的广泛赞誉和强烈共鸣，加深了海峡两岸同胞的相互理解。

2012年，有关单位为响应山西省委提出的打造"五个五台山"的目标，开始筹备《金色世界》《五台山》《五台山音乐诗画》等反映五台山题材的影视剧，但在资金上有缺口。张建军了解情况后，在基金会召开会议，确定了资助计划。在基金会的大力支持下，剧本出版、前期准备工作顺利完成，为下一步开机摄制奠定了基础。

公募基金在捐赠的同时，必须考虑资金积累的不断增大和良性循环，形成募集资金的源头活水。两年来，张建军已经同十几家大型企业签订了合作协议，基金会支持企业发展，企业的部分利润返赠于基金会，用于公益文化项目的资助，形成了合作共赢的好局面。仅2011年一年，基金会就捐助了19个文化项目，近500万元，被文化界誉为文化事业发展的"助推器"。赠人玫瑰，手留余香，这正是对张建军和他的事业的绝好写照。谈起成就，张建军坦言："我最大的成就感，就是能为文化事业的繁荣发展作出自己的奉献。"

把国家利益、服务群众时刻装在心中

把国家利益、服务群众时刻装在心中

——记山西佳镜律师事务所党支部书记梁桐栋

他是一名律师,也是一名共产党员,7年来,他勤勤恳恳、任劳任怨,带领着佳镜党支部创造着一个又一个辉煌。他就是山西佳镜律师事务所党支部书记——梁桐栋。

只有依靠党组织才能保证正确方向

2005年,以"业精为佳,身正为镜"为执业理念的山西佳镜律师事务所诞生于三晋大地。

2008年,佳镜党支部成立了。从那一刻起,佳镜人真正有了主心骨。在他的带领

山西佳镜律师事务所党支部书记梁桐栋

下，佳镜党支部提出了将佳镜打造成示范单位和群众满意的窗口服务单位的目标。推出了"三举措"，即公开服务承诺，制定服务规范；强化服务理念，提升服务能力；征询服务建议，提高服务质量。又以党支部为基础设立了"党建工作岗"，统领全所党的建设。同时在佳镜所设立"党员示范岗""党员责任岗""党员奉献岗""党员先锋岗"，全力服务转型跨越发展、服务基层群众、服务社会公益事业、服务社会矛盾化解，努力提高创先争优水平。

时时刻刻不忘国家利益、群众利益

2010年，河北省某偏远农村，由于政府个别人工作引导欠妥，群众对损害赔偿不满，纷纷走上主干道，导致主路48小时不畅。应中国扶贫杂志社的要求，作为支部书记的梁桐栋立即和佳镜律师赶赴事发现场。到达现场后的梁桐栋顾不上喝一口水、抽一根烟，马上开始了劝导工作，一边指出当地政府工作的不妥之处，商量解决办法，一边耐心细致地倾听群众意见，化解群众情绪。时至中午，看着一个个群众饥肠辘辘，梁桐栋马上和其他律师商量自掏腰包为群众买来了午饭。佳镜律师的行为终于感动了现场群众，他们主动撤离了现场，而梁桐栋却和其他同事继续和政府协商，最后使事件顺利解决。

党员律师要想着回报社会

2011年6月，运城市平陆县上堡村出现了一群特殊的身影，

他们白天拿着法律宣传手册，行走在田间地头，为村民答疑解惑，晚上又挨家挨户走访，为有纠纷的村民调解矛盾。他们就是佳镜律师事务所党员律师带头组成的下乡驻村法律服务团。驻村过程中，梁桐栋了解到村民朱红生外出打工时在太原市娄烦县因农用三轮车翻入深沟，造成头部、胸部受伤，因未签订劳动合同，用工方山西电力公司供电工程承装公司拒绝承认双方存在劳动关系和支付合理的赔偿金。在深入朱红生家中了解案情后，梁桐栋发现其上有老、下有小，自己又无经济来源，于是决定为其提供法律援助。为了帮助朱红生，梁桐栋奔波于太原与运城之间，积极为其搜集证据，帮助朱红生与山西电力公司供电工程承装公司进行调解，最终山西电力公司供电工程承装公司答应一次性支付朱红生赔偿金6万余元。

在梁桐栋的带领下，佳镜所设立了山西省首家妇女法律援助工作站、省司法厅法律援助工作站、太原市工会下岗失业职工维权服务站、省青少年法律援助工作站等机构，长期义务为残联及其服务的残疾人群体、家庭妇女等社会弱势群体提供法律援助，平均每年完成法律援助案件60起。活动中心不仅改善了办公条件，而且巩固和扩大了党员教育活动场所，大大提升了党员干部带领群众干事创业的主动性和创造性。

抓好基层党支部建设
创建一流会计师事务所

——记中审国际会计师事务所有限公司华晋分所
党支部书记、所长阴兆银

十几年来，阴兆银团结带领华晋分所党支部一班人，坚持把支部建设和党员队伍建设作为推动各项工作的抓手，通过党支部建设推动各项工作开展，员工队伍团结和谐，内部管理规范有序，事务所不断发展壮大，成为山西省内较有影响的会计师事务所。

中审国际华晋分所改制脱钩初期，所里7名党员的组织关系仍隶属上级主管部门，但人事关系与上级主管部门已完全脱钩，

阴兆银（左二）在庆祝建党91周年党日活动会上

几名党员不同程度地产生了失落情绪。在这种情况下，阴兆银带领事务所党支部一班人坚持把党支部建设作为事务所发展的头等大事来抓，结合注册会计师行业的实际情况，建立健全党支部工作规章制度，制定完善了事务所《党支部议事规则》《支部书记岗位职责》《党小组长工作职责》《预备党员培养管理办法》等制度，为事务所党建工作的顺利开展打下了扎实的制度基础。结合事务所人员流动性大的工作特点，他带领全体党员不定期召开支部党员大会和党小组民主生活会，针对全所和党员队伍中反映的问题，支部委员分工适时上党课，化解了一些矛盾，增强了全体党员的荣誉感和责任感，促进了党员队伍模范作用的发挥。

作为党支部书记和事务所所长，他在日常工作中严格要求自己，率先垂范、以身作则，以自己的一言一行影响和带动全所员工。十几年中，他身体力行，奋战在业务开拓工作的最前线。在"大唐国际"福建项目的审计中，他深入一线，现场指挥，不慎脚部骨折。为不影响审计工作进度，他硬是坚持到现场考察结束后才到医院就诊。近几年中，从奥运场馆建设工地到三峡大坝施工现场，从南水北调工程工地到京津城际铁路建设，从武广铁路建设到山西省各大煤矿煤炭资源整合，现场都留下了他忙碌的身影。他热心公益，为社会奉献爱心。2008年四川汶川发生特大地震后，他除了参加事务所举行的捐款活动外，还专门缴纳了5000元特殊党费。在他的影响下，建所以来，全所员工积极参与公益活动，为社会捐款捐物。

在创先争优活动中，他提出了"党员带头参加，覆盖全所员工，扎实稳步推进"的具体思路。在他的带领下，事务所全体党员和非党员工结合行业党委提出的"五个好""五带头"，开展了

认真的自查和评议活动；在全体党员和中层骨干公开上榜承诺的基础上，举行了"优秀共产党员""优秀注册会计师""岗位技术能手"评选活动，在全所范围内营造了比学赶帮超的良好氛围。为巩固拓展创先争优活动的成效，2011年和2012年，他带领事务所分别开展了"制度建设年"和"网络建设年"活动，加大事务所制度建设、信息技术建设和文化建设力度，使事务所的中介服务水平有了新的提升。

多年来，他十分重视提高全所的审计、咨询、评估工作质量。他坚持质量第一、信誉至上的工作理念，带领全所员工以质量树信誉、以质量谋发展，赢得了服务对象的高度信任。建所以来，他带领团队先后建立健全了几十项内部管理规章制度，使事务所各项工作都能做到有章可循、有条不紊。经过多年的探索和总结，他确定的"八个坚持""八个不准"已经成为每一个从业人员的行为准则，有效塑造了中审国际华晋分所的品牌形象。现在，事务所已由起初的14人发展到如今的120余人，服务对象涉及煤炭、焦化、铁路、电信、石化、冶金、金融、交通、水利、房地产等诸多领域，业务范围覆盖全国29个省（市、区），业务收入比成立之初增加了100多倍。

为党和人民鼓与呼

——记《山西日报》政法部主任记者赵向南

连续7年参加全国"两会"报道，连续8年参加省"两会"报道；报道过胡锦涛、贾庆林莅晋考察，采访过连战等名人……从事新闻工作10年，谱写了一位新闻工作者爱岗敬业、为党和人民鼓与呼的新时期共产党员的风采。

《山西日报》是中共山西省委机关报，时政报道是重任。赵向南作为专跑时政的记者，每逢重大活动，总能看到他的身影，而且总是那样激情满怀、永不懈怠。2010年全国"两会"，他赴京采访，短短10天时间，采写了通讯、消息、侧记20余篇，全部刊登见报。他还几经周折采访了百度总裁李彦宏，写成《无边光景一时新——李彦宏京师畅谈山西文化》，宣传了山西厚重文化和文化大发展大繁荣成就。在京期间，他白天采访，晚上赶稿，每天休息在凌晨2点左右，被同行们称为"拼命向南"，从2006年报道全国政协会议以来，连续7年，每一年都是如此，用他自己的话说，就是"高强度采访、高效率写作，不吃饭不睡觉，也要完成任务"。2012年，山西省委书记袁纯清对《山西日报》的全国人大和政协会议报道给予表扬，说"报道有声有色，既宣传了山西，又鼓舞了士气""工作很努力、很到位、很有力

赵向南在京津冀晋蒙政协论坛采访

度、很有成效"。书记的肯定,也是对赵向南工作的认可。

2010年以来,山西省实施"转型跨越发展、再造一个新山西"战略,大事喜事要事多。这是新闻人的好时代,能够用笔记录伟大时代,书写三晋翻天覆地的变化。他作为特派记者连续参加了两次全省转型跨越大观摩检查活动,仅2010年的观摩检查,13天便行走4929公里,深入全省11市52县(市、区)136个点进行采访,参加了11场夜晚点评会,和同事写成3篇重点报道,作品见报后,被评为社级四星好产品(最高为五星),并得到省委书记袁纯清的批示表扬。

2010年,他被报社委以书记专职记者重任,他承受了压力,克服了困难,只要书记有活动,就能够随时拎电脑包出发。早晨6时多起床到省委集中赴调研地,行走乡镇小路上,奔走于工厂一线,参加着大大小小的会议,认真记录书记讲话,中午整理笔记,晚上赶稿,基本做到了调研结束或会议完毕,稿件基本写就。2011年,省党政代表团赴浙沪苏考察,他作为随团记者,6天时间里写了4篇消息和4篇侧记。当时他正逢感冒,喉咙嘶

哑，参加会议时憋着咳嗽，大颗汗水流个不停，同行工作人员劝他休息。但考虑到换人采访会使工作脱节，他硬坚持完成任务，并深入思考写成了《登高方知天下阔——省党政代表团浙沪苏考察思考篇》。见报后，引起中央媒体关注，不少知名网站相继转载。

跑时政的记者主要是跟领导活动，在不少记者眼里是出力不讨好。但他对时政报道乐此不疲，无论是跑一般时政报道，还是跑省委书记或省政协主席的活动，都不曾因为个人私事耽误过一次采访，也不曾因为身体不适而请过一次病假。工作10年来，他总是出色地完成采访报道任务，受到了省委、省政协、省军区主要领导和省委统战部及报社领导、同事的肯定。

全省开展创先争优活动以来，他以共产党员标准严格要求自己，主动参加"走基层、转作风、改文风"活动，深入山野农家、工厂一线、社区居民家里采访，反映群众的喜怒哀乐，反映公众的期盼，写出了不少文风朴实、感情真挚、带有深度思考的好作品。仅这两年，他连续获报社标兵称号，产量在编辑部大排队中连续三年排前五名，2011年在编辑部200多位编辑记者排队中名列第一。

10年来，他笔耕不辍，发稿4000余篇，共计200余万字，同时有2件作品获得全国党报好新闻奖、3件作品获得山西新闻特别奖，多次获得省人大、省政协、省统战、省综治好新闻奖，成为新闻战线一名年轻精英。

春秋代谢，时节更替。10年时间，赵向南从懵懂青年成长为一名党的优秀新闻工作者。流走的是岁月，不变的是对党的新闻事业的挚爱，他用实际行动践行着新闻工作者的责任与使命。

从军营走来的电视人

——记山西广播电视台新闻中心记者赵继宝

从军21年,他用手中的笔真实记录了一次次卫星升天的壮美,为军旗增辉;转业12年间,他用镜头聚焦三晋大地上日新月异的变化,为党旗增光。他,就是山西广播电视台新闻中心记者赵继宝。

从军营到电视台,他认为在"换防"

1999年,赵继宝脱下军装,来到山西电视台做了一名记者。他从部队转业到山西电视台做记者工作,是偶然,也是必然。2003年,当他接过心爱的摄像机,就像接过一支钢枪,爱不释手。当时,全国性的"非典"还没解除警戒,他义无反顾地来到"非典"重灾区清徐县,拍了一条抗击"非典"的片子。由于《山西新闻联播》每天必播的客观情况,记者一年四季很少有休息时间,越是节假日,越是忙碌不停。但他毫不在乎,用实际行动实践着一个共产党员的担当与职责。

创先争优活动开展以来,他更是一心扑在工作上,不管出差与否、路途有多遥远,从来没有推诿过采访任务。在外出差,往

从军营走来的电视人

赵继宝在推敲新闻稿件

往是饥一顿、饱一顿。在路上堵车后,连续几个小时吃不上饭、喝不上水。2011年在长治市采访时,他乘坐的小车被一辆拉货的大车撞了,差点酿成大祸。当时,他默默调整一番心态,又踏上了下乡采访的路。

在个人得失上,他选择奉献

赵继宝是个服役21年的老兵,转业前是太原卫星发射中心政治部宣传处副处长,中校军衔。按说,回地方后担任个职务也不过分,享受个处级待遇也行。但对赵继宝来说,一切听从领导的安排,个人名利都置之度外。2005年,山西广播电视台调整干部,他积极参加应聘。当公布的处级干部任命名单里没有自己时,他毫无怨言,只是觉得任职与否是组织上考虑的,记者岗位更需要自己。

2012年春天,山西广播电视台又一次公开招聘干部。关键时刻,他主动放弃,把机会与位置让给年富力强的同志。

近些年来,赵继宝已迈入 50 岁的门槛。一些朋友见面后免不了要关心他:这么大年纪了,还在扛着机器到处跑,图个啥?他心里说:干自己喜欢的事,以苦为乐。他用实际行动充分证明:记者职业不分年龄大小,只要热爱这个工作,什么困难都能克服,老记者也能充满青春活力。

在业务追求上,他对标一流

"要干就干出个样子来,要无愧于共产党员。"他是这样说的,也是这样做的。前些年,山西省政府连续几年为全省人民群众办 10 件实事。赵继宝深入山庄窝铺进行采访,采制出一系列高质量的农村安全饮水、村村通客车的电视深度报道,省劳动竞赛委员会给他记一等功。

2007 年 12 月,山西省启动新一轮"无缝隙、拉网式"治超总行动。赵继宝跑路面、下企业,与治超人员座谈,跟司机交流,为推进治超工作鼓与呼。他的不懈追求,还体现在精品制作上。运城市万荣县农民王衡,刻苦研制特殊防水材料,荣获全国科技发明奖。赵继宝与同事冒着酷暑,历时十多天,走过 5 个省市,采制出 4 集电视系列报道《从麦田里走出的农民发明家》,获中国新闻奖提名奖。

为配合全省煤矿企业兼并重组整合工作,他多次下到煤矿井下,拍摄鲜活真实的细节;在省重点工程建设的报道中,他多次转山沟、钻隧道、上桥墩,拍摄感人的场面;在"走基层、转作风、改文风"的报道中,他扑下身子,先后拍摄了农民种菜、城镇化建设、煤矿转产、乡村教师奉献教育等片。

用敬业书写广播记者的责任

——记山西广播电视台综合广播通联部主任张建国

他是一位出色的记者,更是一位优秀的编辑。大伙称赞他:关键时刻顶得上、打得赢。

一线采编,追求精品

1995年,他从山西大学毕业分配到原山西省电台工作。他从最基层、最简单的热线电话接听干起,先后在《山西新闻》《焦点追踪》等一系列节目从事新闻采编工作。

他不断访农村、进企业、到社区,扎跟基层百姓的火热生活,捕捉来自一线最鲜活的新闻。这两年,他先后策划并参与了全国"两会"、省"两会"、"先行先试,转型跨越""文化山西行""好人就在你身边"等一系列重大采访和主题活动的报道。

注重创新,体现贴近

他努力改进新闻表达与题材选择,用新闻的手段优化工作报

道、主题宣传。同时，按照"大时政"的理念，用"讲故事""人物化"的思维推进新闻节目创新，从而将广播时政报道推入一片开阔的"蓝海"。在2003年和2004年的全国"两会"报道中，他每天发稿3篇以上，除高质量完成各项"规定动作"外，还首次创新性策划了一系列求新、求变的会议报道，比如，请全国人大代表、经济学家吴敬琏分析山西经济发展的后发优势、让小品演员赵本山评价山西文化如何扩大在全国的影响力等。这些创新性策划打破了会议报道就会写会的传统模式，迈出了题材广泛、内容鲜活和贴近百姓的新路子。

他注重新闻节目创新，主张并在山西广播电视台综合广播《山西新闻》和《全省新闻联播》两档主干新闻节目中开设《今日关注》这一深度报道专栏，对百姓关注的热点事件进行前因后果的展示，注重发挥评论的思想引领作用，组织力量撰写评论，及时传达编辑部的思想与观点；《走基层，看民生》专栏则力求人物故事化，注重用典型事例、典型细节和典型影响触动听众的心灵。这些节目理念使广播特色进一步彰显，新闻节目的导向

张建国在审阅新闻稿件

性、贴近性和服务性得到明显强化。

奔波基层，锤炼作风

从业以来，他在新闻采访一线留下了勤于奔波的身影，足迹踏遍全省90多个县（市、区）。特别是在全国新闻战线深入开展的"走基层、转作风、改文风"活动中，他多次通过蹲点采访、跟车随访、职业行为体验等多种途径，实地关注基层各行业劳动者和百姓的生活、工作状态与心态，汲取最真实的民情民意。2011年冬季，为反映白血病患者在死亡线上苦苦挣扎的生存状态，呼吁全社会更多人关注这一特殊群体，他在山医大二院、省干细胞捐助中心、省红十字会及白血病患者家中实地走访半个月，写出了《生命不能等待》《骨髓捐献为何遭遇困境》等一系列思考性作品。报道播出后，听众纷纷通过捐款、前往探视、微博互动等方式表达对白血病患者的爱心。

每遇重大宣传活动或重大突发事件，他都参与主要稿件的编辑采访，赶写配发重要评论，并长期在艰苦的新闻夜班岗位上轮值值班。由于长期的夜班工作，再加上没有规律的繁重采访编辑任务，他30多岁便患上了严重的胃溃疡，医生多次建议他调整到工作比较规律的岗位，但是他始终坚持在采编第一线。一次全国"两会"报道是时正是他胃病最厉害的时候，但由于部门急需人手，他还是咬咬牙上了全国"两会"。15天的会期内，他照样拿着采访机，照样挤在记者堆里抢新闻。

责任重于能力　　敬业才能争优

——记山西省互联网新闻中心编辑部主任杜海霞

她，曾经是一名工作在载人航天事业最前线的女军人，2003年从酒泉卫星发射中心转业到山西省互联网新闻中心。近10年来，始终以一个革命军人的标准严格要求自己，在本职岗位上勤勤恳恳、默默奉献，发挥了一个老党员应有的作用。

她时刻提醒自己是个老党员，处处起先锋模范带头作用。关键时刻顾全大局，急难险重的工作，经常冲在最前面，不计个人得失，多少次单位有急事需要处理，不管是节假日还是半夜，只要接到电话，她都能及时赶到单位，通宵达旦，毫无怨言。她始终坚持一个原则——自己的事再大也是小事，单位的事再小也是大事，所以很少因为私事请假耽误工作，再大的困难也是自己克服，轻伤不下火线。2011年12月，长期从事网络编辑工作，导致她腰椎间盘突出卧病在床，不能坐不能走，即便如此，杜海霞依然坚持工作，利用笔记本电脑和手机上网，浏览审校网站内容，更新网站官方微博，保持和网友互动，尽量不耽误工作。

她对待工作，大到搞活动策划专题，小到打扫卫生关窗户关灯，事无巨细，亲力亲为，从来不以老同志自居。作为编辑部主

责任重于能力　敬业才能争优

杜海霞在进行网上审稿

任，每天上班总是第一个到单位，先浏览一遍网站首页内容，每天晚上在睡觉前再浏览一遍网站内容，争取在第一时间发现问题并及时纠正。本单位人员少，工作任务重，所以在其他编辑记者出差或请假的时候，她总是主动帮他们完成工作，从来不因为不是自己"分内"的工作而假装看不见或者有怨言，并且主动担负起很多别人嫌麻烦或者不愿意干的琐碎工作，成了网站名副其实的"超级替补"。用同事们的话说，"她就是操心的命"。

互联网是个新兴行业，知识更新换代非常快。她虽然是军转干部，但她认为"没有学不会的，只有不愿学的"。从部队转业到互联网新闻中心以来，她在工作实践中自学了新闻写作、网络维护、网页制作、图片处理、数据库管理等技术，并且在2010年微博客刚开始试运行的时候，就在搜狐微博开通了"黄河新闻网官方微博"，并且相继在新浪、网易、腾讯等大型门户网站开通了"黄河新闻网官方微博"，培养了一大批铁杆粉丝，她还自掏腰包购买了先进的智能手机，随时更新微博，对网站起到了很好的推介作用。

本着干一行爱一行的精神，要么不做，要做就做到最好。多年来，她先后策划制作了"转型跨越一年志""走基层、转作风、改文风""第六届中国中部投资贸易博览会"等上百个大型新闻专题，撰写并发表了上千篇的新闻评论和博文、帖文等，在新闻领域获得多项奖励。尤其开展创先争优活动以来，她在省内外重要刊物发表学术论文5篇，获得山西新闻一等奖2项、二等奖3项、三等奖4项，并获得2项行业新闻奖。

因为互联网工作的特殊性，单位人员组成比较年轻，作为老同志，在工作中更多了一份责任、一份担当。工作上，不论是谁，只要是工作中有问题，她都及时指出来并帮助解决，将影响控制在最小范围内。学习上，尽量帮助新同志和有些业务不熟练的同志，手把手教业务，小到错别字校对，大到专题策划，精心培养，搞好传帮带。生活上，主动关心同志，在力所能及的范围内帮助解决困难，对于家里有病人或者产妇的同志，在第一时间及时探望慰问。不论是做人还是做事，杜海霞在同事中都树立了较好的榜样，建立了较高的威信。

大山的脊梁

——追记朔州市山阴县下喇叭乡口子梁村原党支部书记彭云

彭云生前任口子梁村党支部书记22年,在全村青壮劳力外出务工、村里党员逐年减少的情况下,坚守山村,为民服务,把自己的一生无私奉献给了村民。

村里不干的"蓄水池"

口子梁村地处雁门关外,自然条件艰苦,经济相对落后。缺水,是全村祖祖辈辈最大的困难。1989年1月,彭云当选口子梁村党支部书记。上任后,他把解决人畜吃水问题作为任期内头等大事,四处为村民找水。经过3年多努力,终于在离村500米外的罗庄村山沟里发现了合适的水源地。1992年,他带领全村男女老少,早出晚归,大干3个多月,打出了一口200米深的水井,并用管道把水抽到村里的蓄水池。1997年,水井不明原因枯竭。看到因吃不上水而犯愁的村民,彭云用自家多年积蓄买来一辆四轮农用车,义务承担起了为村民拉水的任务。

彭云（左一）和乡亲们在地里了解灾情

积善成德的"活雷锋"

国家取消农业税前，乡里的"三提五统"等任务，口子梁村年年第一个完成。彭云除了自己带头缴粮纳税外，还替有困难的村民垫粮垫款，宁愿自己吃点亏，也不拖欠国家一分钱。国家推行新农合政策以来，每当有"五保户"、孤寡老人等困难群众交不起费用，或村民因外出打工不能及时交纳费用，他总是先垫付，有很多"账"，村民记不清楚，他也忘了。

村民兰存章夫妇长期患病，不能干重活，彭云常年帮助他家播种、锄草、收割、碾场，承担了子女的责任。老人见人就夸他是"大恩人"。十几年来，全村家家户户几乎都得到过彭云的无数次帮助。

科学发展的"带头人"

口子梁村自然条件不好，彭云千方百计帮助村民寻找致富门

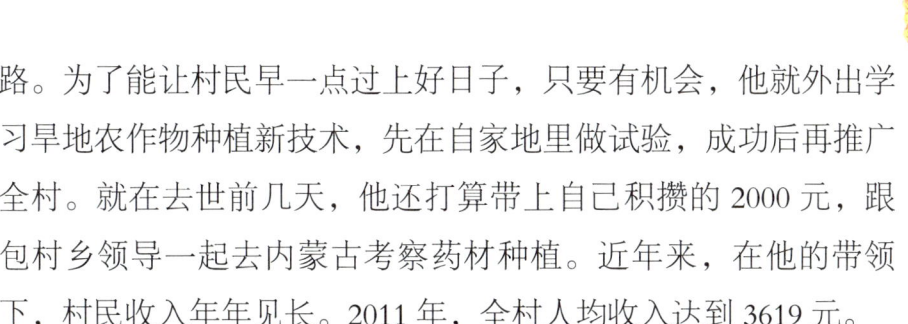

路。为了能让村民早一点过上好日子,只要有机会,他就外出学习旱地农作物种植新技术,先在自家地里做试验,成功后再推广全村。就在去世前几天,他还打算带上自己积攒的2000元,跟包村乡领导一起去内蒙古考察药材种植。近年来,在他的带领下,村民收入年年见长。2011年,全村人均收入达到3619元。

在谋发展的同时,彭云还常年组织村民植树造林、巡山护林,制止私挖滥采,保护村里脆弱的生态环境。一些白灰窑主请他入股开发口子梁村后山上的石灰崖,他一口回绝:"我们口子梁村环境本来就差,不能让你们毁了这一方水土。"

诚实守信的"硬骨头"

彭云是远近有名的正气人,认识他的人都说,他有一身"硬骨头"。2010年8月,为给上大学的儿子凑学费,彭云决定卖掉家里黑底白花的小牛犊。买牛人以为小牛犊是奶牛,出价8000元,而彭云却主动向买牛人说:"我家这头牛不是奶牛,是耕牛。"结果,小牛犊只卖了4000元。

2010年,村里有一个低保指标,堂弟请求"照顾",彭云说:"不行,这个指标要给张仕勇,他有一身病,家里负担那么重,你忍心吗?"69岁的贺兰英老人说:"彭云当村干部这么多年,连村里的一块炭也没拿过。"2011年,口子梁村遭受百年不遇的冰雹灾害,县政府给每亩受灾地补贴6公斤荞麦籽种,彭云全分给了乡亲,自己未留一颗。

后　记

　　中共山西省委创先争优活动领导小组办公室编写的《三晋创先争优群英谱》，汇集了在纪念中国共产党成立91周年之际，受到中央和省委表彰的全国和全省优秀共产党员的先进事迹。这些事迹材料热情讴歌了他们在新时期自觉保持党的先进性，为党和人民的事业辛勤工作、无私奉献的高尚品质和精神风貌，是对基层党组织和广大共产党员进行党性教育的生动教材。

　　中共山西省委常委、组织部长，省委创先争优活动领导小组组长汤涛同志对本书的编写多次作出重要指示。省委组织部常务副部长、省委创先争优活动领导小组副组长朱先奇同志，省委组织部副部长、省委党建工作领导小组办公室主任（正厅长级）、省委创先争优活动领导小组成员兼办公室主任张葆同志，省委组织部部务委员、省委创先争优活动领导小组成员兼办公室副主任赵建华同志就编写内容等都提出了许多具体指导意见。

后 记

中共山西省委创先争优活动领导小组办公室综合组的同志具体组织了本书的编写工作。

本书编写过程中,得到了各市委创先争优活动领导小组、省直各工(党)委创先争优活动领导小组和省有关行业系统创先争优活动领导小组的大力支持和帮助,在此一并表示感谢。

编　者

2012 年 9 月